城市轨道交通工程设计概算编制办法

住房和城乡建设部标准定额研究所
中铁第五勘察设计院集团有限公司　主编

中 国 计 划 出 版 社

2017　北　京

图书在版编目（CIP）数据

城市轨道交通工程设计概算编制办法 / 住房和城乡建设部标准定额研究所，中铁第五勘察设计院集团有限公司主编. --北京：中国计划出版社，2017.6(2017.8重印)
ISBN 978-7-5182-0670-4

Ⅰ. ①城… Ⅱ. ①住… ②中… Ⅲ. ①城市铁路－铁路工程－概算编制－中国②城市铁路－铁路工程－预算编制－中国 Ⅳ. ①U239.5

中国版本图书馆CIP数据核字(2017)第128258号

城市轨道交通工程设计概算编制办法

住房和城乡建设部标准定额研究所 中铁第五勘察设计院集团有限公司 主编

中国计划出版社出版发行
网址：www.jhpress.com
地址：北京市西城区木樨地北里甲11号国宏大厦C座3层
邮政编码：100038 电话：(010) 63906433（发行部）
北京市科星印刷有限责任公司印刷

880mm×1230mm 1/16 4.5印张 105千字
2017年6月第1版 2017年8月第2次印刷
印数 4001—8000册

ISBN 978-7-5182-0670-4
定价：40.00元

住房城乡建设部 国家发展改革委关于印发《城市轨道交通工程设计概算编制办法》的通知

（建标〔2017〕89号）

各省、自治区住房城乡建设厅、发展改革委，直辖市建委（交通委）、发展改革委，国务院有关部门：

为满足城市轨道交通工程建设需要，提高城市轨道交通工程设计概算编制质量，住房城乡建设部、国家发展改革委制定了《城市轨道交通工程设计概算编制办法》，现印发给你们，请结合本地区、本部门实际认真贯彻执行。

本办法自2017年6月1日起执行，原建设部印发的《城市轨道交通工程设计概预算编制办法》（建标〔2006〕279号）同时废止。

《城市轨道交通工程设计概算编制办法》由中国计划出版社出版发行。

住房城乡建设部
国家发展改革委
2017年4月13日

目　　录

第一章 总 则

一、为进一步适应城市轨道交通工程建设需要，规范城市轨道交通工程设计概算编制方法及相关费用标准，提高设计概算编制质量，根据住房和城乡建设部、财政部发布的《建筑安装工程费用项目组成》（建标〔2013〕44号）规定，并在认真总结和调研已运营城市轨道交通建设项目设计概算编制经验的基础上，对《城市轨道交通工程设计概预算编制办法》（建标〔2006〕279号）进行了全面修订。

二、本《办法》适用于新建、改建和扩建城市轨道交通工程初步设计概算文件的编制。

三、本《办法》是政府有关部门加强城市轨道交通工程建设宏观调控和进行项目投资控制的重要依据。

四、城市轨道交通工程设计概算是初步设计文件的重要组成部分，是全面反映建设项目投资规模和投资构成的主要文件。概算编制应完整反映设计范围内工程项目建设全过程所需的全部费用，符合城市轨道交通工程项目建设、投资构成和工程造价管理的要求，有利于合理确定和有效控制城市轨道交通工程造价。对充分发挥投资效益、提高经济效益和社会效益具有重要意义。

五、设计概算经批准后是编制建设项目投资计划、确定和控制投资的依据，是考核设计方案经济合理性和选择最佳方案的依据，是考核建设项目投资效果的依据。

六、设计概算的编制单位应对概算编制质量全面负责。由两个以上单位共同编制概算时，总体设计单位应负责统一制定概算编制原则和依据，并汇编总概算，其他单位负责编制各自所承担设计范围的概算。

七、城市轨道交通工程设计概算应按本《办法》的规定进行编制。同时必须严格执行国家和项目所在地基本建设有关方针、政策和工程造价管理规定，在调查研究的基础上，如实反映工程项目建设规模、标准、工程筹划、建设条件和所需投资，合理确定和严格控制工程造价。

八、各省、自治区、直辖市建设主管部门，可在本《办法》的基础上，结合当地实际情况制定补充规定并报住房城乡建设部备案。

九、本《办法》由住房城乡建设部标准定额司负责解释。请各单位在执行过程中，注意积累资料，认真总结经验，将有关意见及时反馈住房城乡建设部标准定额司。

第二章 概算文件组成

概算文件由总概算文件和分册概算文件组成。

一、总概算文件

总概算文件由封面、扉页、签署页、目录、编制说明、总概算表和综合概算表等组成。

（一）封面、扉页、签署页、目录

封面、扉页、签署页组成：封面有项目名称、第几篇、第几册、编制单位、单位资质证书及编号、编制日期、编制地点；扉页在封面的基础上增加企业负责人、企业技术负责人、总体设计负责人签署；签署页有编制、审核、专业负责人、审定人签署。

目录应按本《办法》有关概算文件的规定顺序编排。

（二）编制说明

1. 工程概况。

（1）建设规模、工程总量、线路起讫点及里程、线路敷设方式（包括地下线、地面线以及高架线长度及所占比例）。

（2）车站、区间、车辆基地、主变电站、运营控制中心的分布状况。

(3) 重点工程介绍。

(4) 车辆及主要设备的配置情况。

2. 编制范围。

包括本项目全线的建筑安装工程费、设备购置费、工程建设其他费用、预备费、车辆购置费、建设期贷款利息和铺底流动资金。不包括沿线物业开发的费用和同步实施但应由其他项目分担的费用。物业开发和同步实施的其他项目及民用通信引入系统单独编制概算。

民用通信引入系统概算根据各城市项目不同管理情况，可汇入总概算。

3. 编制单元划分。

(1) 车站工程。每座车站为一个册概算编制单元。包括车站土建结构（含人防）、建筑装饰、附属设施，以及设备系统预留孔洞、沟、槽、安装预埋件的费用。其中土建结构包括车站和车站两端折返线、停车线、渡线、存车线的主体结构、附属结构、施工监测、降水、建（构）筑物加固保护等；附属设施包括标识导向、站内外附属设施（包括站前广场、自行车停车场、环保绿化、隔离设施及其他配套建筑）、交通接驳和应列入车站的其他工程费用。

动力与照明，通风、空调与供暖，给水与排水、消防等工程费用，根据各城市项目管理不同方式，分为下列三种情况：

①车站概算编制单元中不包括动力与照明，通风、空调与供暖，给水与排水、消防等工程费用。系统专业概算单独成册。

②车站概算编制单元中包括车站动力与照明，通风、空调与供暖，给水与排水、消防等工程费用。

③车站概算编制单元中包括车站及车站两端相邻的各半个区间的动力与照明，通风、空调与供暖，给水与排水、消防等工程费用。

车站概算编制单元中不包括车站物业开发及换乘车站同步实施但应由其他项目分担的费用。物业开发及换乘车站同步实施但应由其他项目分担的费用，另外单独编制概算，其中换乘车站同步实施但不属于本线的工程，按不同线别分别编制概算。

主变电站、运营控制中心、车辆基地的室内动力与照明，通风、空调与供暖，给水与排水、消防等工程费用，单独编制概算列入相应房屋建筑设备及安装工程费用中。

(2) 区间工程。每相邻两座车站之间的区间为一个册概算编制单元，联络线及车辆基地每个出入段线分别为一个册概算编制单元。每个单元包括区间正线和其他土建工程（包括区间人防、防淹门、主变电站出线电缆通道、疏散平台、声屏障等），以及环保绿化、景观、隔离设施和设备系统预留孔洞及预埋件等工程费用。

(3) 轨道工程。全线轨道工程为一个册概算编制单元，包括正线、辅助线（折返线、停车线、渡线、存车线等）、出入段线、联络线、车辆基地库内（外）线、线路有关工程、线路备料和铺轨基地等工程费用。

(4) 通信系统。全线通信系统为一个册概算编制单元，分专用通信系统［含乘客信息系统（PIS）］、民用通信引入系统、公安通信系统三部分。包括全线正线、车辆基地及运营控制中心设备及安装工程费用。按正线、车辆基地、运营控制中心三部分分别编制后汇总。民用通信引入系统单独编制概算。

(5) 信号系统。全线信号系统为一个册概算编制单元，按正线、运营控制中心、车辆基地、试车线、车载设备、维修与培训中心等分别编制概算。

（6）主变电站。全线主变电站为一个册概算编制单元，每座主变电站分别编制后汇总（含相应的高压电源线路），包括主变电站的房屋建筑与装饰、电力进线（含通道）、变电设备及安装等工程费用。

（7）供电系统。全线供电系统为一个册概算编制单元，包括全线牵引降压混合变电所、降压变电所、跟随所、环网电缆（含通道）、牵引网（架空接触网或接触轨）、杂散电流防护、电力监控系统（SCADA）、车站整合不间断电源系统（UPS）、再生制动能量利用系统、电能质量管理系统、光伏发电系统、供电生产管理系统、综合接地及供电车间等工程费用。

（8）综合监控系统（ISCS）。全线综合监控系统为一个册概算编制单元，包括全线车站、运营控制中心、车辆基地等综合监控系统的设备及安装工程费用。按车站、运营控制中心、车辆段、停车场分别编制概算。

（9）火灾自动报警系统（FAS）。全线火灾自动报警系统（FAS）为一个册概算编制单元，包括全线车站、运营控制中心、车辆基地、主变电站、变电所等火灾自动报警系统（FAS）的设备及安装工程费用。按车站、运营控制中心、车辆段、停车场、主变电站、变电所分别编制概算。

（10）环境与设备监控系统（BAS）。全线环境与设备监控系统（BAS）为一个册概算编制单元，包括全线车站、运营控制中心、车辆基地等环境与设备监控系统（BAS）的设备及安装工程费用。按车站、运营控制中心、车辆段、停车场分别编制概算。

（11）安防与门禁系统（ACS）。全线安防（含安检系统）与门禁系统（ACS）为一个册概算编制单元，包括全线车站、运营控制中心、车辆基地、主变电站、变电所等安防（含安检系统）与门禁系统（ACS）的设备及安装工程费用。按车站、运营控制中心、车辆段、停车场、主变电站、变电所分别编制概算。安检系统一般采用X射线技术进行安全检查。

（12）自动售检票系统（AFC）。全线自动售检票系统（AFC）为一个册概算编制单元，包括全线车站、运营控制中心等自动售检票系统（AFC）的设备及安装工程费用。

（13）站内客运设备、站台门。全线车站自动扶梯和自动人行道、电梯、轮椅升降机、站台门为一个册概算编制单元，按车站分别编制概算。

站内客运设备概算中不含运营控制中心、车辆基地等房屋电梯工程，其列入相应房屋建筑设备及安装工程费用中。

（14）运营控制中心（OCC）。运营控制中心（OCC）为一个册概算编制单元，包括运营控制中心（OCC）的房屋建筑与装饰等工程，室内动力与照明，通风、空调与供暖，给水与排水、消防，电梯，楼宇自动化等设备及安装工程，以及室外道路、围墙、景观、绿化等工程费用。

（15）车辆基地。车辆段与停车场分别为一个册概算编制单元，包括场、段内的土石方、地基处理、桥涵、房屋建（构）筑物、道路、围墙、绿化等工程，室内动力与照明，通风、空调与供暖，给水与排水、消防，电梯，工艺设备等设备及安装工程，以及室外水、电、供暖、燃气管沟等工程费用。

（16）人防工程。全线人防工程为一个册概算编制单元，包括全线各设防地下车站、地下区间内所有人防防护设备及安装工程费用。按平战结合，以车站和区间分别编制概算。

人防段的土建工程费用，计入相应的车站和区间。

防淹门和防淹设备及安装工程费用列入人防工程册概算编制单元，其土建工程列入相应区间。

(17) 前期工程。全线前期工程为一个册概算编制单元，包括全线范围的土地征用及补偿费，临时占地费，建（构）筑物拆迁补偿费（房屋补偿费、商业补偿费、构筑物补偿费），树木及绿化赔偿费，道路恢复费，道路破复费，管线迁改费，交通疏解费等。按车站、区间、主变电站、运营控制中心、车辆段、停车场分别编制概算。

编制单元划分详见附录一：概算文件编制单元划分基本规定表。

编制单元划分，主要是依据设计分工和建设管理的需要，本《办法》对此作了基本规定。根据建设项目特点，总体设计单位可补充概算文件编制单元，也可依据项目设计和建设管理的需要，将几个概算文件编制单元合并，或对概算文件编制单元内容进行调整，但都必须在文件编制中给予明确说明。

4. 编制依据。

(1)《城市轨道交通工程项目建设标准》(建标〔2008〕57 号)。

(2)《城市轨道交通工程设计概算编制办法》。

(3) 国家及当地政府相关部门发布的有关文件及规定。

(4) 可行性研究报告批复文件、有关文件及纪要等。

(5) 初步设计技术接口文件。

(6) 初步设计技术要求。

(7) 初步设计文件组成与内容。

(8) 初步设计文件编制统一规定。

(9) 初步设计图纸及工程数量。

5. 采用定额。

6. 工、料、机单价取定的依据或来源。

7. 设备购置费的取定或来源。

8. 企业管理费、利润、规费和增值税的计算方法及依据。

9. 土地征用及补偿，临时占地，建（构）筑物拆迁补偿，树木及绿化赔偿，道路恢复，道路破复，管线迁改，交通疏解等单价的依据。

10. 工程建设其他费用计算方法及依据。

11. 预备费（基本预备费和价差预备费）计算方法及依据。

12. 专项费用（建设期贷款利息、车辆购置费和铺底流动资金）计算方法及依据。

13. 概算总额及技术经济指标。

14. 初步设计概算与可研批复估算对照分析。

15. 其他有关说明：

(1) 与本工程同步实施工程（换乘车站，共线区间，共用主变电站、运营控制中心、车辆基地等）及物业开发投资分劈原则及概算，概算为全费用投资（含工程建设其他费用、预备费、建设期贷款利息）。

(2) 对概算编制过程中需要特别说明的内容加以阐述，如概算编制中未落实的内容（如下穿铁路配合费等），以及其他与概算有关但不能在概算表中反映的事项和其他需要说明的问题。

（三）基本表格（各项目根据设计和建设管理需要，可增加必要的表格）及附件

1. 基本表格主要包括：

（1）总概算表。

（2）综合概算表。

（3）概算与估算对照表。

（4）项目信息及主要工程数量表。

（5）人工及主要材料单价和数量汇总表。

（6）投资分劈汇总表。

2. 附件：包括有关协议、纪要、公文及其有关分析计算资料等。

二、分册概算文件

分册概算文件由封面、扉页、签署页、编制说明、册综合概算表和单项概算表等组成。

（一）封面、扉页、签署页、目录

封面、扉页、签署页组成：封面有项目名称、第几篇、第几册、编制单位、单位资质证书及编号、编制日期、编制地点；扉页在封面的基础上增加企业负责人、企业技术负责人、项目负责人签署；签署页有编制、审核、专业负责人、审定人签署。

目录应按本《办法》有关概算文件的顺序编排。

（二）编制说明

1. 工程概况：包括工程范围（土建工程的起讫里程、结构长度等，设备系统工程的系统组成等）、工程规模（土建工程结构形式及主要尺寸，基坑深度，覆土厚度，出入口、风亭设置情况，车站主体面积，出入口通道面积，风道风井面积及车站总建筑面积，区间联络通道、区间风井、区间盾构井设置情况等）、工法及工期安排等。

2. 编制范围。

分册概算包含的工程范围及内容。

3. 编制依据。

（1）《城市轨道交通工程项目建设标准》（建标〔2008〕57 号）。

（2）《城市轨道交通工程设计概算编制办法》。

（3）国家及当地政府相关部门发布的有关文件及规定。

（4）可行性研究报告批复文件、有关文件及纪要等。

（5）初步设计技术接口文件。

（6）初步设计技术要求。

（7）初步设计文件组成与内容。

（8）初步设计文件编制统一规定。

（9）初步设计图纸及工程数量。

4. 采用定额。

5. 工、料、机单价取定的依据或来源。

6. 设备购置费的取定或来源。

7. 企业管理费、利润、规费和增值税的计算方法及依据。

8. 土地征用及补偿，临时占地，建（构）筑物拆迁补偿，树木及绿化赔偿，道路恢复，道路破复，管线迁改，交通疏解等单价的依据。

9. 概算总额及技术经济指标。

10. 其他有关问题的说明：

（1）与本工程同步实施工程（换乘车站，共线区间，共用主变电站、运营控制中心、车辆基地等）及物业开发投资分劈原则及概算，概算为全费用投资（含工程建设其他费用、预备费、建设期贷款利息）。

（2）对概算编制过程中需要特别说明的内容加以阐述，如概算编制中未落实的内容（如下穿铁路配合费等），以及其他与概算有关但不能在概算表中反映的事项和其他需要说明的问题。

（三）基本表格（各项目根据设计和建设管理需要，可增加必要的表格）及附件

1. 基本表格主要包括：

（1）册综合概算表。

（2）建筑工程单项概算表。

（3）安装工程单项概算表。

（4）设备购置费单项概算表。

（5）补充单价分析表。

（6）工程概况及主要工程数量表。

（7）人工及主要材料单价和数量汇总表。

（8）投资分劈汇总表。

2. 附件：包括有关协议、纪要、公文及其有关分析计算资料等。

第三章 概算编制方法

第一节　概算编制层次

为充分体现城市轨道交通建设项目管理和投资控制特点，设计概算编制，按分册概算文件和总概算文件两个层次完成。

一、分册概算文件

分册概算文件：是具体反映建设项目一个单元建筑物群体工程范围内，或一个专业系统工程范围内，第一部分工程费用及其构成的文件，包括建筑工程单项概算、设备与安装工程单项概算和册综合概算及说明。

1. 建筑工程单项概算：是详细反映各工程类别和某些重大、特殊工点的主要概算费用的文件。编制内容包括：人工费、材料费、施工机具使用费、企业管理费、利润、规费和增值税。

设备与安装工程单项概算：是计算需要安装设备的设备费用和安装费用、不需要安装设备的设备费用。

单项概算的编制，应按分册概算文件编制单元范围内划分的各工程类别，结合建设项目的具体情况、工程难易程度及所占投资比重的大小、采用定额的要求分别进行编制。

2. 册综合概算：是在分册概算文件编制单元范围内，按“综合概算章节表”的顺序，将单项概算按章、节细目进行汇总编制。

二、总概算文件

总概算文件：是反映整个建设项目的投资规模和投资构成的文件，包括综合概算表和总概算表等表格及说明。

1. 综合概算表：是按“综合概算章节表”顺序，将所有册综合概算表分章、节及细目进行汇总编制。

2. 总概算表：是根据综合概算表，按“综合概算章节表”顺序，分章进行汇编。

第二节 概算章节划分

概算章节划分具体体现为综合概算章节表，其作用是将概算费用按不同的工程和费用类别，划分为统一的章、节及细目。综合概算章节表应体现统一和协调项目各专业概算的编排顺序，反映项目各工程类别编制的内容。综合概算章、节及细目中各类工程费用的划分，应有利于城市轨道交通工程各项指标的积累和造价信息化管理。

本《办法》按不同工程和费用类别，将概算费用划分为工程费用、工程建设其他费用、预备费和专项费用四部分。共十九章 38 节。编制概算应采用统一的章节表，其各章、节、细目及内容，详见附录二：综合概算章节表。

各章名称详见表 1。

表 1 各章名称表

章序	名 称	章序	名 称
第一章	车站	第十一章	给水与排水、消防
第二章	区间	第十二章	自动售检票
第三章	轨道	第十三章	站内客运设备、站台门
第四章	通信	第十四章	运营控制中心
第五章	信号	第十五章	车辆基地
第六章	供电	第十六章	人防
第七章	综合监控	第十七章	工程建设其他费用
第八章	火灾自动报警、环境与设备监控	第十八章	预备费
第九章	安防与门禁	第十九章	专项费用
第十章	通风、空调与供暖		

第三节　定额采用与工程费用取费标准

一、定额采用

1. 采用国家《城市轨道交通工程概算定额》，或省、市《城市轨道交通工程概预算定额》，或省、市《城市轨道交通工程单位估价表》。

2. 当采用《城市轨道交通工程预算定额》，或《城市轨道交通工程单位估价表》时，应考虑3%～5%的定额幅度差。

3. 主变电站工程采用电力行业相应定额。

4. 房屋建筑与装饰工程采用建设项目所在地省、市定额。

编制概算时，定额中缺项或采用新技术、新工艺、新材料、新设备，或采用定额中的施工条件等与建设项目所在地的同类工程定额，在消耗量上存在较大差异时，应按定额编制原则，调查、收集有关资料，结合工程实际情况，补充单价分析，并随概算文件一并送审。

二、工程费用取费标准

工程费用取费标准，采用与定额配套的费用定额。也可参考附录四：城市轨道交通工程费用参考费率。

第四节　概算费用种类

概算费用按投资构成划分，分属下列四部分费用：

第一部分　工程费用

工程费用包括：

1. 建筑工程费：是指建设工程涉及范围内的车站、区间、轨道、房屋等建（构）筑物、道路、室外管道铺设、大型土石方工程费用等。

2. 安装工程费：是指主要生产、辅助生产、公用工程等单项工程中需要安装的机械设备、电器设备、专用设备、仪器仪表等的安装及配件工程费用，与设备相连的工作台、梯子、栏杆等设施的装设工程费用，附属于被安装设备的管线敷设、绝缘、防腐、刷油、保温、调整和试验工程费用，工艺、供热、供水等各种管道、配件、阀门和供电外线安装等工程费用，以及为测定安装工程质量，对单台设备进行单机试运转、对系统设备进行系统联动无负荷试运转工作的调试费，以及其他采用安装工程定额的费用统称安装工程费。如：通信，信号，供电，综合监控，火灾自动报警，环境与设备监控，安防（含安检）与门禁，通风、空调与供暖，给水与排水、消防，自动售检票，站内客运设备、站台门，运营控制中心，车辆基地，人防防护等采用安装工程定额的费用。

3. 设备购置费：是指为建设工程项目购置或自制的达到固定资产标准的设备、工具、器具的费用。由多种材料或经加工为零部件，并按各自用途组成的具有功能、容量、动能传递或转换的机器、容量、成套装置统称为设备。设备分为标准设备和非标准设备。按安装方法又分为需要安装和不需要安装的设备。构成固定资产标准的设备（包括备品备件），虽低于固定资产标准，但属于设计明确列入设备清单的均为设备。

设备应包括本体和附带的配件、备件及附属于设备本体制作成型的梯子、平台、栏杆、管道，以及附属于设备本体的油类、化学药品等；还包括各种计量器、仪表及自动化控制装置、实验室内的仪器及属于设备本体部分的仪器仪表等。

设备购置费以设备原价加设备运杂费计算。

第二部分　工程建设其他费用

工程建设其他费用：是指从工程筹建起到工程竣工验收交付使用止的整个建设期间，除建筑安装工程费、设备购置费、预备费和专项费用以外，为保证工程建设顺利完成和交付使用后，能够正常发挥效用而发生的各项费用。如：土地征用及补偿费，临时占地费，建（构）筑物拆迁补偿费，树木及绿化赔偿费，道路恢复费，道路破复费，管线迁改费，交通疏解费，场地准备费，项目建设管理费，建设工程监理与相关服务费，招标代理服务费，前期工作费，研究试验费，勘察设计费，咨询费，引进技术和设备其他费，综合联调及试运行费，专利及专有技术使用费，生产准备及开办费，工程保险费，特殊设备安全监督检验费，安全生产保障费，配合辅助工程费，以及其他费用等。

第三部分　预备费

预备费包括：基本预备费和价差预备费。

基本预备费：是指针对项目实施过程中可能发生难以预料的支出而事先预留的费用。

价差预备费：是指为在建设期内利率、汇率或价格等因素的变化而预留的可能增加的费用。

第四部分　专项费用

专项费用包括：车辆购置费（含车辆监造费）、建设期贷款利息和铺底流动资金。

第五节　概算费用项目组成

建设项目总概算：是指为完成工程项目建设并达到使用要求或生产条件，从筹建到竣工验收以及试运行结束的整个建设期内预计或实际投入的全部费用总和。建设项目概算费用项目组成见图 1。

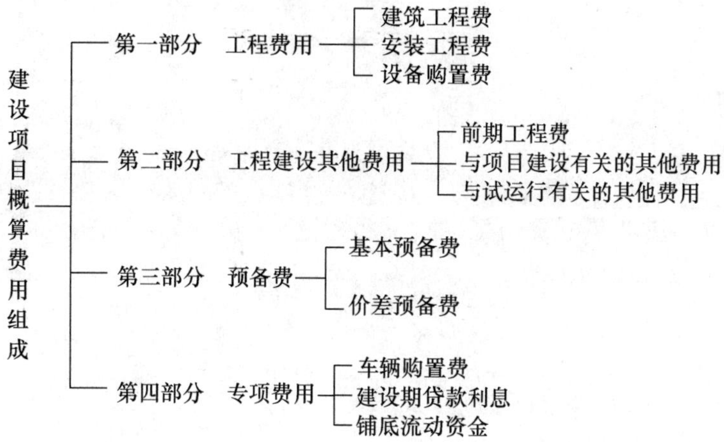

图 1　建设项目概算费用项目组成

第四章 费用内容及标准

第一节 建筑安装工程费

一、按费用构成要素划分

建筑安装工程费：按照费用构成要素划分由人工费、材料费、施工机具使用费、企业管理费、利润、规费和增值税组成。其中人工费、材料费、施工机具使用费、企业管理费和利润包含在分部分项工程费、措施项目费、其他项目费中（见图 2）。

（一）人工费

人工费是指按工资总额构成规定，支付给从事建筑安装工程施工的生产工人和附属生产单位工人的各项费用。内容包括：

1. 计时工资或计件工资：是指按计时工资标准和工作时间或对已做工作按计件单价支付给个人的劳动报酬。

2. 奖金：是指对超额劳动和增收节支支付给个人的劳动报酬。如节约奖、劳动竞赛奖等。

3. 津贴、补贴：是指为了补偿职工特殊或额外的劳动消耗和因其他特殊原因支付给个人的津贴，以及为了保证职工工资水平不受物价影响支付给个人的物价补贴。如流动施工津贴、特殊地区施工津贴、高温（寒）作业临时津贴、高空津贴等。

4. 加班加点工资：是指按规定支付的在法定节假日工作的加班工资和在法定工作时间外延时工作的加点工资。

5. 特殊情况下支付的工资：是指根据国家法律、法规和政策规定，因病、工伤、产假、计划生育假、婚丧假、事假、探亲假、定期休假、停工学习、执行国家或社会义务等原因按计时工资标准或计时工资标准的一定比例支付的工资。

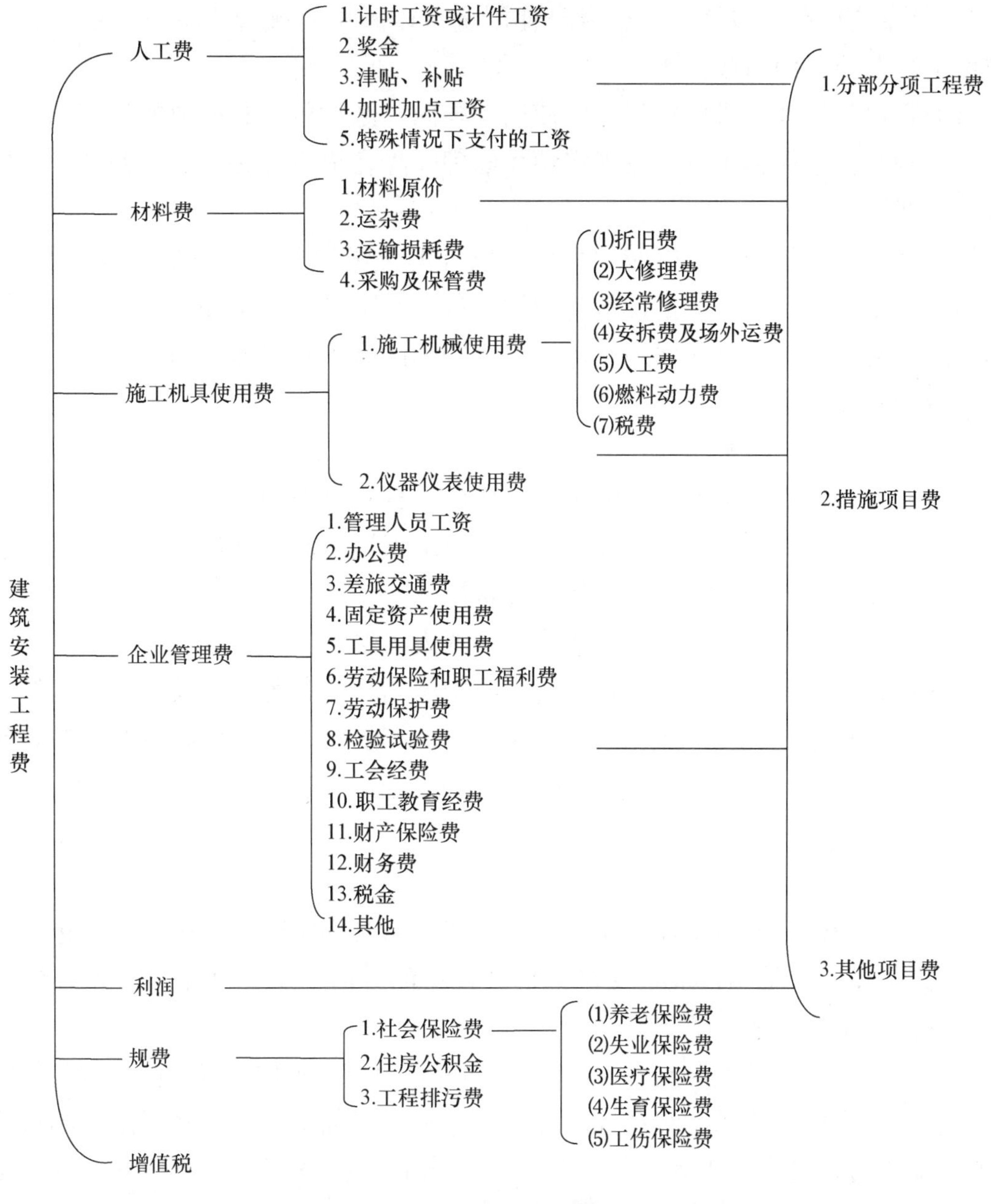

图 2　建筑安装工程费用项目组成（按费用构成要素划分）

（二）材料费

材料费是指施工过程中耗费的原材料、辅助材料、构配件、零件、半成品或成品的费用。内容包括：

1. 材料原价：是指材料的出厂价格或商家供应价格。

2. 运杂费：是指材料自来源地运至工地仓库或指定堆放地点所发生的全部费用。

3. 运输损耗费：是指材料在运输装卸过程中不可避免的损耗。

4. 采购及保管费：是指为组织采购、供应和保管材料过程中所需要的各项费用。包括采购费、仓储费、工地保管费、仓储损耗。

（三）施工机具使用费

施工机具使用费是指施工作业所发生的施工机械、仪器仪表使用费或其租赁费。

1. 施工机械使用费：以施工机械台班耗用量乘以施工机械台班单价表示，施工机械台班单价应由下列七项费用组成：

（1）折旧费：是指施工机械在规定的使用年限内，陆续收回其原值的费用。

（2）大修理费：是指施工机械按规定的大修理间隔台班进行必要的大修理，以恢复其正常功能所需的费用。

（3）经常修理费：是指施工机械除大修理以外的各级保养和临时故障排除所需的费用。包括为保障机械正常运转所需替换设备与随机配备工具附具的摊销和维护费用，机械运转中日常保养所需润滑与擦拭的材料费用及机械停滞期间的维护和保养费用等。

（4）安拆费及场外运费

①安拆费：是指施工机械（大型机械除外）在现场进行安装与拆卸所需的人工、材料、机械和试运转费用以及机械辅助设施的折旧、搭设、拆除等费用。

②场外运费：是指施工机械整体或分体自停放地点运至施工现场或由一施工地点运至另一施工地点的运输、装卸、辅助材料及架线等费用。

（5）人工费：是指机上司机和其他操作人员的人工费。

（6）燃料动力费：是指施工机械在运转作业中所消耗的各种燃料及水、电费等。

（7）税费：是指施工机械按照国家规定应缴纳的车船使用税、保险费及年检费等。

2. 仪器仪表使用费：是指工程施工所需使用的仪器仪表的摊销及维修费用。

（四）企业管理费

企业管理费是指建筑安装企业组织施工生产和经营管理所需的费用。内容包括：

1. 管理人员工资：是指按规定支付给管理人员的计时工资、奖金、津贴补贴、加班加点工资及特殊情况下支付的工资等。

2. 办公费：是指企业管理办公用的文具、纸张、账表、印刷、邮电、书报、办公软件、现场监控、会议、水电、烧水和集体取暖降温（包括现场临时宿舍取暖降温）等费用。

3. 差旅交通费：是指职工因公出差、调动工作的差旅费、住勤补助费，市内交通费和误餐补助费，职工探亲路费，劳动力招募费，职工退休、退职一次性路费，工伤人员就医路费，工地转移费以及管理部门使用的交通工具的油料、燃料等费用。

4. 固定资产使用费：是指管理和试验部门及附属生产单位使用的属于固定资产的房屋、设备、仪器等的折旧、大修、维修或租赁费。

5. 工具用具使用费：是指企业施工生产和管理使用的不属于固定资产的工具、器具、家具、交通工具和检验、试验、测绘、消防用具等的购置、维修和摊销费。

6. 劳动保险和职工福利费：是指由企业支付的职工退职金、集体福利费、夏季防暑降温、冬季取暖补贴、上下班交通补贴等。

7. 劳动保护费：是指企业按规定发放的劳动保护用品的支出。如工作服、手套、防暑降温饮料以及在有碍身体健康的环境中施工的保健费用等。

8. 检验试验费：是指施工企业按照有关标准规定，对建筑以及材料、构件和建筑安装物进行一般鉴定、检查所发生的费用，包括自设试验室进行试验所耗用的材料等费用。不包括新结构、新材料的试验费，对构件做破坏性试验及其他特殊要求检验试验的费用和建设单位委托检测机构进行检测的费用，对此类检测发生的费用，由建设单位在工程建设其他费用中列支。但对施工企业提供的具有合格证明的材料进行检测不合格的，该检测费用由施工企业支付。

9. 工会经费：是指企业按《工会法》规定的全部职工工资总额比例计提的工会经费。

10. 职工教育经费：是指按职工工资总额的规定比例计提，企业为职工进行专业技术和职业技能培训，专业技术人员继续教育、职工职业技能鉴定、职业资格认定以及根据需要对职工进行各类文化教育所发生的费用。

11. 财产保险费：是指施工管理用财产、车辆等的保险费用。

12. 财务费：是指企业为施工生产筹集资金或提供预付款担保、履约担保、职工工资支付担保等所发生的各种费用。

13. 税金：是指企业按规定缴纳的城市维护建设税、教育费附加、地方教育附加、房产税、车船使用税、土地使用税、印花税等。

14. 其他：包括技术转让费、技术开发费、投标费、业务招待费、绿化费、广告费、公证费、法律顾问费、审计费、咨询费、保险费等。

（五）利润

利润是指施工企业完成所承包工程获得的盈利。

（六）规费

规费是指按国家法律、法规规定，由省级政府和省级有关权力部门规定必须缴纳或计取的费用。包括：

1. 社会保险费：

（1）养老保险费：是指企业按照规定标准为职工缴纳的基本养老保险费。

（2）失业保险费：是指企业按照规定标准为职工缴纳的失业保险费。

（3）医疗保险费：是指企业按照规定标准为职工缴纳的基本医疗保险费。

（4）生育保险费：是指企业按照规定标准为职工缴纳的生育保险费。

（5）工伤保险费：是指企业按照规定标准为职工缴纳的工伤保险费。

2. 住房公积金：是指企业按规定标准为职工缴纳的住房公积金。

3. 工程排污费：是指按规定缴纳的施工现场工程排污费。

（七）增值税

增值税是指按照财政部、国家税务总局“关于全面推开营业税改征增值税试点的通知”

（财税〔2016〕36号）附件一《营业税改征增值税试点实施办法》："提供交通运输、邮政、基础电信、建筑、不动产租赁服务，销售不动产，转让土地使用权，税率为11%"的规定，必须缴纳或计取的费用。

根据"住房和城乡建设部办公厅关于做好建筑业营改增建设工程计价依据的调整工作的通知"（建办标〔2016〕4号）要求，工程造价=税前工程造价×（1+增值税率）；税前工程造价为人工费、材料费、施工机具使用费、企业管理费、利润和规费之和，各项费用项目均以不包含增值税可抵扣的进项税额的价格计算。

二、按造价形成划分

建筑安装工程费按照工程造价形成由分部分项工程费、措施项目费、其他项目费、规费、增值税组成，分部分项工程费、措施项目费、其他项目费包含人工费、材料费、施工机具使用费、企业管理费和利润（见图3）。

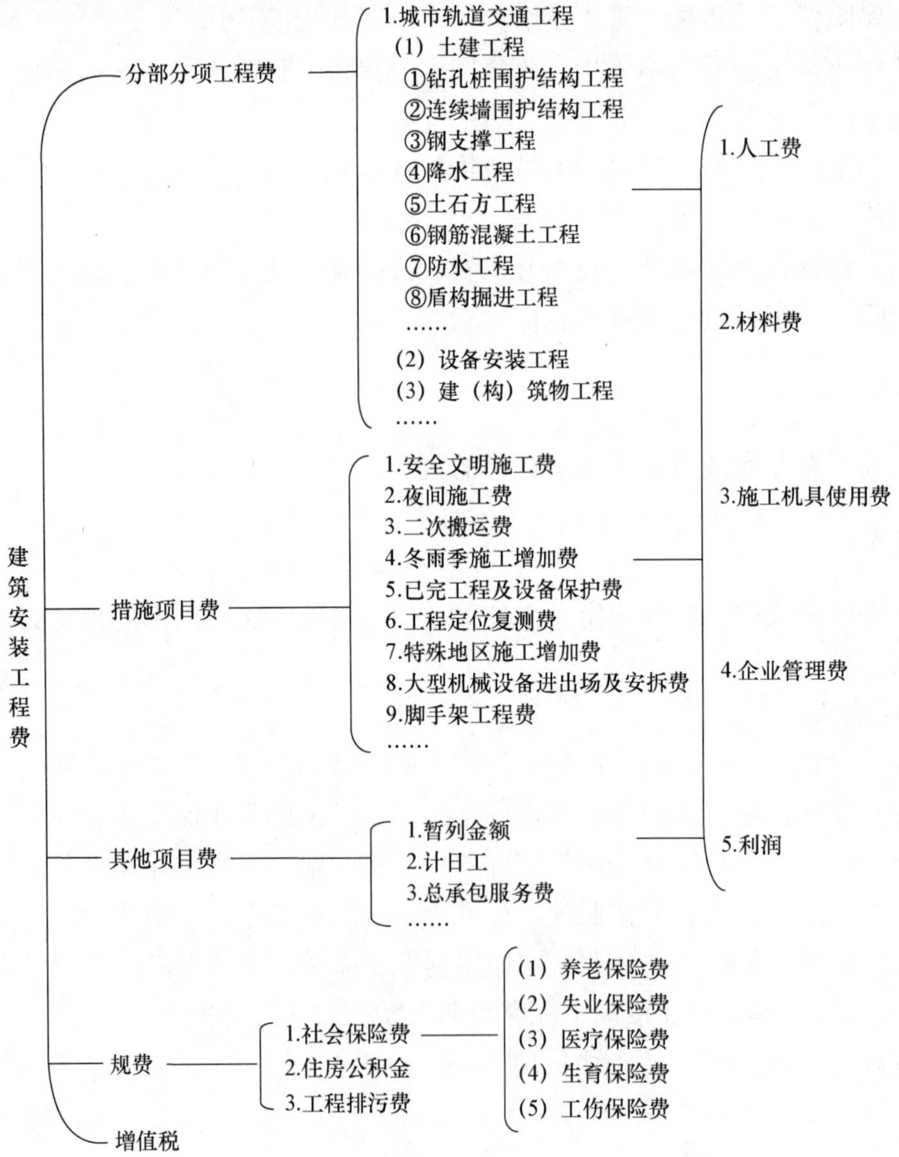

图3 建筑安装工程费用项目组成（按造价形成划分）

（一） 分部分项工程费

分部分项工程费是指各专业工程的分部分项工程应予列支的各项费用。

1. 专业工程：是指按现行国家计量规范划分的房屋建筑与装饰工程、仿古建筑工程、通用安装工程、市政工程、园林绿化工程、矿山工程、构筑物工程、城市轨道交通工程、爆破工程等各类工程。

2. 分部分项工程：是指按现行国家计量规范对各专业工程划分的项目。如地下车站划分的钻孔桩围护结构工程、连续墙围护结构工程、土石方工程、钢支撑工程、降水工程、内部钢筋混凝土结构工程、防水工程等。

各类专业工程的分部分项工程划分见现行国家或行业计量规范。

（二） 措施项目费

措施项目费是指为完成建设工程施工，发生于该工程施工前和施工过程中的技术、生活、安全、环境保护等方面的费用。内容包括：

1. 安全文明施工费：

（1）环境保护费：是指施工现场为达到环保部门要求所需要的各项费用。

（2）文明施工费：是指施工现场文明施工所需要的各项费用。

（3）安全施工费：是指施工现场安全施工所需要的各项费用。

（4）临时设施费：是指施工企业为进行建设工程施工所必须搭设的生活和生产用的临时建（构）筑物和其他临时设施费用。包括临时设施的搭设、维修、拆除、清理费或摊销费等。

2. 夜间施工费：是指因夜间施工所发生的夜班补助费、夜间施工降效、夜间施工照明设备摊销及照明用电等费用。

3. 二次搬运费：是指因施工场地条件限制而发生的材料、构配件、半成品等一次运输不能到达堆放地点，必须进行二次或多次搬运所发生的费用。

4. 冬雨季施工增加费：是指在冬季或雨季施工需增加的临时设施、防滑、排除雨雪，人工及施工机械效率降低等费用。

5. 已完工程及设备保护费：是指竣工验收前，对已完工程及设备采取的必要保护措施所发生的费用。

6. 工程定位复测费：是指工程施工过程中进行全部施工测量放线和复测工作的费用。

7. 特殊地区施工增加费：是指工程在沙漠或其边缘地区、高海拔、高寒、原始森林等特殊地区施工增加的费用。

8. 大型机械设备进出场及安拆费：是指机械整体或分体自停放场地运至施工现场或由一个施工地点运至另一个施工地点，所发生的机械进出场运输及转移费用及机械在施工现场进行安装、拆卸所需的人工费、材料费、机械费、试运转费和安装所需的辅助设施的费用。

9. 脚手架工程费：是指施工需要的各种脚手架搭、拆、运输费用以及脚手架购置费的摊销（或租赁）费用。

措施项目及其包含的内容详见各类专业工程的现行国家或行业计量规范。

（三）其他项目费

1. 暂列金额：是指建设单位在工程量清单中暂定并包括在工程合同价款中的一笔款项。用于施工合同签订时尚未确定或者不可预见的所需材料、服务的采购，施工中可能发生的工程变更、合同约定调整因素出现时的工程价款调整以及发生的索赔、现场签证确认等的费用。

2. 计日工：是指在施工过程中，施工企业完成建设单位提出的施工图纸以外的零星项目或工作所需的费用。

3. 总承包服务费：是指总承包人为配合、协调建设单位进行的专业工程发包，对建设单位自行采购的材料、工程设备等进行保管以及施工现场管理、竣工资料汇总整理等服务所需的费用。

（四）规费

规费同按费用构成要素划分部分的规费内容。

（五）增值税

增值税同按费用构成要素划分部分的增值税内容。

第二节　设备购置费

设备购置费：是指为建设工程项目购置或自制的达到固定资产标准的设备、工具、器具的费用。

固定资产标准：是指使用年限在一年以上，单位价值在国家或各主管部门规定的限额以上的资产。

设备购置费由设备原价和设备运杂费两部分组成，即：

设备购置费＝设备原价＋设备运杂费

设备原价：是指国产设备或进口设备的原价；设备运杂费是指除设备原价之外的关于设备采购、运输、途中包装及仓库保管等方面支出费用的总和。

一、国产设备原价的构成

国产设备原价：是指设备制造厂的交货价，或订货合同价。一般根据生产厂或供应商的询价、报价、合同价确定，或采用一定的方法计算确定。国产设备原价分为国产标准设备原价和国产非标准设备原价。

1. 国产标准设备原价。

国产标准设备：是指按照主管部门颁布的标准图纸和技术要求，由我国设备生产厂批量生产的，符合国家质量检测标准的设备。

国产标准设备原价有两种，即带有备品备件的原价和不带有备品备件的原价。在编制概算时，应采用带有备品备件的原价，若采用不带有备品备件的原价，则另计取备品备件费。

2. 国产非标准设备原价。

国产非标准设备：是指国家尚无定型标准，只能按订货要求并根据具体的设计图纸制造的设备。

国产非标准设备原价一般按其成本构成或相关技术参数估算其价格。

二、进口设备原价的构成

进口设备原价：是指进口设备的抵岸价，即设备抵达买方边境港口或边境车站，交纳完各种手续费、税费后的价格。

进口设备抵岸价：由设备到岸价（CIF）和进口从属费用构成。

进口设备到岸价（CIF）：由离岸价（FOB）、国际运费、运输保管费构成。

进口从属费用：由银行财务费、外贸手续费、进口关税、消费税、进口环节增值税等构成。进口车辆还需缴纳车辆购置税。

三、设备运杂费的构成

设备运杂费：是指国内采购设备自来源地、国外采购设备自到岸港口或边境车站运至工地或指定堆放地点发生的采购、运输、运输保险、保管、装卸等费用。

设备运杂费由运输和装卸费、包装费、设备供销部门手续费、采购与仓库保管费构成。

1. 运输和装卸费：国产设备由设备制造厂交货地点起、进口设备由我国到岸港口或边境车站起至工地仓库（或工程筹划设计指定的需要安装设备的堆放地点）止所发生的运费和装卸费。

2. 包装费：在设备原价中未包含的、为运输而进行包装所支出的各种费用。

3. 设备供销部门手续费：按有关部门规定的统一费率计算。

4. 采购与仓库保管费：是指采购、验收、保管和收发设备所发生的各种费用，包括设备采购人员、保管人员和管理人员的工资、工资附加费、办公费、差旅交通费，设备供应部门办公和仓库所占固定资产使用费、工具用具使用费、劳动保护费、检验试验费等。按主管部门规定的采购与保管费费率计算。

四、备品备件购置费

编制概算时，应采用包含备品备件费的设备原价。若设备原价不含备品备件费，其备品备件费按设备原价（不含软件费）的3%～5%计算。

五、设备购置费的计算方法

编制概算时，设备原价应根据调查资料，结合概算文件编制期的价格水平综合确定。

对于国内设备，为简化概算编制，设备购置费等于国内设备原价加国内设备运杂费。

对于进口设备，为简化概算编制，进口设备购置费等于进口设备到岸价（CIF）、进口从属费用加国内设备运杂费。

国内设备运杂费费率见表2：

表2 国内设备运杂费费率表

序号	工程所在地区	费率（%）
1	辽宁、吉林、河北、北京、天津、山西、江苏、浙江、山东、安徽	6～7
2	河南、陕西、湖北、湖南、江西、黑龙江、广东、四川、重庆、福建	7～8
3	内蒙古自治区、甘肃、宁夏回族自治区、广西壮族自治区、海南	8～10
4	贵州、云南、青海、新疆维吾尔自治区	10～11

注：西藏自治区边远地区和厂址距离铁路或水运码头超过50km时，可相应提高运杂费费率。

第三节　工程建设其他费用

工程建设其他费用：是指从工程筹建起到工程竣工验收交付使用止的整个建设期间，应由基本建设投资支付并列入建设项目总概算内，除建筑安装工程费、设备购置费、预备费和专项费用以外的，为保证工程建设顺利完成和交付使用后，能够正常发挥效用而发生的各项费用。按资产属性分别形成固定资产其他费用、无形资产费用和其他资产费用（递延资产）。

以下为城市轨道交通工程建设通常发生的工程建设其他费用项目，在编制概算时，应结合工程建设实际和建设市场有关情况予以确定。

一、前期工程费

前期工程费：包括土地征用及补偿、临时占地、建（构）筑物拆迁补偿、树木及绿化赔偿、道路恢复、道路破复、管线迁改、交通疏解等发生的费用。

（一）费用内容

1. 土地征用及补偿费：是指按照《中华人民共和国土地管理法》等规定，建设工程项目征用土地及补偿应支付的费用。包括土地补偿费，安置补助费，被征用土地地上、地下附着物及青苗补偿费，征用城市郊区菜地缴纳的新菜地开发建设基金，征用耕地缴纳的耕地开垦费，耕地占用税等。

2. 临时占地费：是指临时占用建设项目土地使用权在建设期内应支付的相关费用。

3. 建（构）筑物拆迁补偿费：是指房屋及附属构筑物、城市公共设施等拆迁补偿费等。

4. 土地征用、拆迁建筑物手续费：是指在办理征地拆迁过程中，所发生的相关人员的工作经费及土地登记管理费等。

5. 树木及绿化赔偿费：是指砍伐树木及铲除草坪等发生的补偿费用。

6. 道路恢复费：是指设计围挡范围内的道路恢复费用，相应凿除路面费用纳入主体工程费用中。

7. 道路破复费：是指设计围挡范围外的道路破除及恢复费用。

8. 管线迁改费：是指依据管线迁改设计方案，为保证工程实施而采取的对给水、排水、燃气、电力、电信、热力等管线进行迁改的费用。

9. 交通疏解费：是指依据交通疏解设计方案，为保证工程实施而采取的交通疏解措施所发生的费用。

（二）计算方法

1. 土地征用及补偿费、临时占地费、建（构）筑物拆迁补偿费等应根据设计建设用地征用面积、临时占地面积、拆迁工程数量，按项目所在地省（自治区、直辖市）人民政府颁发的各项规定和标准计列。

2. 树木及绿化赔偿费：按项目所在地省（自治区、直辖市）人民政府颁发的城市园林树木补偿标准计列。

3. 道路恢复和破复费：按项目所在地省（自治区、直辖市）人民政府颁发的道路恢复和破复补偿标准计列。

4. 管线迁改费：按管线迁改设计方案，区分为上水、排水、燃气、电力（高压电和非高压电分列）、电信、热力等管线，按项目所在地省（自治区、直辖市）人民政府颁布的各类管线迁改补偿标准计列。

5. 交通疏解费：按交通疏解设计方案，按项目所在地省（自治区、直辖市）人民政府颁布的道路补偿标准计列。

二、其他费用

（一）场地准备费

1. 费用内容。

场地准备费：是指建设项目为达到工程开工条件所发生的场地平整和对建设场地遗留的有碍于施工建设的设施进行拆除清理的费用。

2. 计算方法。

一般应根据实际工程量估算，也可按工程费用的比例计列。即：

场地准备费＝工程费用×费率（%），费率按1%～2%计列。

（二）项目建设管理费

1. 费用内容。

项目建设管理费：是指项目建设单位从项目筹建之日起至办理竣工财务决算之日止发生

的管理性质的支出。包括：不在原单位发工资的工作人员工资及相关费用、办公费、办公场地租用费、差旅交通费、劳动保护费、工具用具使用费、固定资产使用费、招募生产工人费、技术图书资料费（含软件）、业务招待费、施工现场津贴、竣工验收费和其他管理性质开支。

2. 计算方法。

按工程费用和管线迁改费用之和的2.0%～2.5%计列。

（三）建设工程监理与相关服务费

1. 费用内容。

建设工程监理与相关服务费：是指监理单位接受建设单位委托，提供建设工程施工阶段的质量、进度、费用控制管理和安全生产监督管理，合同、信息管理及相关各方协调管理服务，以及勘察、设计、保修等阶段的相关服务所收取的费用。

2. 计算方法。

按工程费用的1.6%～1.8%计列。

（四）招标代理服务费

1. 费用内容。

招标代理服务费：是指招标代理机构接受招标人委托，从事编制招标文件（包括编制资格预审文件和标底），审查投标人资格，组织答疑、开标、评标以及提供招标前期咨询、协调合同签订等所收取的费用。

2. 计算方法。

按工程费用的0.2%计列。

（五）招标交易服务费

1. 费用内容。

招标交易服务费：是指工程建设期间，项目所在地建设交易部门为工程招投标工作提供交易场所和为招投标服务而收取的费用。

2. 计算方法。

按建设项目所在地省（自治区、直辖市）有关规定计列。

（六）前期工作费

前期工作费：是指建设项目前期工作支付的咨询服务费用，包括建设项目专题研究、编制和评估项目建议书、编制和评估可行性研究报告，以及其他与建设项目前期工作有关的咨询服务费用。

1. 可行性研究费。

（1）费用内容。可行性研究费是指编制和评估项目建议书（或预可行性研究报告）、可行性研究报告所需的费用。

（2）计算方法。按委托合同计列，或参照表3计费标准，根据建设项目估算投资额采用内插法计算。

表3 编制和评估可行性研究报告计费标准表

序号	投资额（亿元）	计费标准（万元）
1	≤20	250
2	50	300
3	100	350
4	200	400
5	300	450
6	≥400	500

注：1. 建设项目估算投资额：是指项目建议书或可行性研究报告的估算投资额。
2. 建设项目在工程条件、技术条件、环境保护、文物保护、安全等方面可能存在特殊要求时，可根据实际情况计取难度调整系数，调整系数按1.1～1.5计取；必要时开展的专题研究费用另计，且主报告收费不再考虑调整系数。
3. 对于分期分段建设的线路，应分别计费。原则上视线路分期分段规模比例及研究难度，在上述计费方案基础上，首期工程乘以1.2～1.5的调整系数，后续工程乘以0.6～0.9的调整系数。
4. 上述计费标准为主报告编制费用，各类专题研究费用另行计列。

2. 环境影响评价费。

（1）费用内容。环境影响评价费是指按照《中华人民共和国环境保护法》、《中华人民共和国环境影响评价法》等规定，为全面、详细评价建设项目对环境可能产生的污染或造成的重大影响所需的费用。包括编制和评估环境影响报告书（含大纲）、环境影响报告表和环境影响登记表等所需的费用。

（2）计算方法。按委托合同计列，或参照表4计费标准，根据建设项目估算投资额采用内插法计算，并适当考虑环境敏感程度调整系数。

表4 环境影响评价收费表

单位：万元

序号	估算投资额	2亿～10亿元	10亿～50亿元	50亿～100亿元	100亿元以上
1	编制环境影响报告书（含大纲）	15～35	35～75	75～110	110
2	编制环境影响报告表	4～7	7以上		
3	编制环境影响登记表	3～4	4以上		
4	评估环境影响报告书（含大纲）	3～7	7～9	9～13	13以上
5	评估环境影响报告表	1.5～2.0	2.0以上		
6	评估环境影响登记表	1～1.5	1.5以上		

注：1. 建设项目估算投资额：是指项目建议书或可行性研究报告的估算投资额。
2. 评估环境影响报告书（含大纲）的费用不含专家参加审查会议的差旅费；环境影响评价大纲的技术评估费用占环境影响报告书评估费用的40%。
3. 本表所列编制环境影响报告表收费标准为不设评价专题的基准价，每增加一个专题加收50%。
4. 本表中费用不包括遥感、遥测、风洞试验、污染气象观测、示踪试验、地探、物探、卫星图片解读、需要动用船、飞机等特殊监测等费用。

3. 客流预测报告编制费。

（1）费用内容。客流预测报告编制费是指以城市、社会经济、人口、土地使用、交通等方面的现状和规划基础资料为依据，利用交通模型等技术手段，预测各目标年限城市轨道交通网络或线路相关客流指标，编制客流预测报告所需的费用。

（2）计算方法。按委托合同计列，或参照表5计费标准计列。

表5　客流预测报告编制计费表

序号	工作阶段	计费标准
1	线网规划阶段	按相应阶段主报告编制费用的30%～40%计取
2	近期建设规划阶段	
3	可行性研究阶段	

4. 地震安全性评价费。

(1) 费用内容。地震安全性评价费是指按照《中华人民共和国防震减灾法》、《地震安全性评价管理条例》等规定，为建设项目提供地震安全性评价服务所需的费用。

(2) 计算方法。按委托合同计列，或按项目所在地省（自治区、直辖市）有关规定计列。

5. 地质灾害危险性评估费。

(1) 费用内容。地质灾害危险性评估费是指评估机构接受委托，按照相应的技术规程和规范要求，收集相关资料，进行现场调查和技术分析，以及编制评估报告和组织报告评审等收取的费用。

(2) 计算方法。按委托合同计列，或参照相关部门规定计列。

6. 节能评估费。

(1) 费用内容。节能评估费是指分析建设项目的建筑、设备、工艺等的能耗水平和其使用的用能产品的效率或能耗指标，编制及评审节能评估报告的费用。

(2) 计算方法。按委托合同计列，或参照表6计费标准计列。

表6　节能评估报告编制与评审计费表

序号	项　　目	可行性研究阶段
1	节能评估专题报告编制	按可行性研究主报告编制费用的20%～30%计取
2	节能评估专题报告评审	按节能评估专题报告编制费用的20%～30%计取

7. 社会稳定风险评估费。

(1) 费用内容。社会稳定风险评估费是指编制和评价社会稳定风险分析报告所需的费用。

(2) 计算方法。按委托合同计列，或参照表7费用标准计列。

表7　社会稳定风险评估计费表

序号	项　　目	可行性研究阶段
1	社会稳定风险分析报告编制	按可行性研究主报告编制费用的30%～60%计取
2	社会稳定风险分析报告评审	按社会稳定风险分析报告编制费用的50%计取

8. 防洪评价费。

(1) 费用内容。防洪评价费是指按《中华人民共和国防洪法》等规定，对涉及江河、湖泊等项目编制防洪评价报告所需的费用。

(2) 计算方法。按委托合同计列，或按项目所在地省（自治区、直辖市）有关规定计列。

9. 文物勘探及保护费。

(1) 费用内容。文物勘探及保护费是指在工程范围内有可能埋藏文物的地方进行考古调查、勘探及保护所需的费用。

（2）计算方法。按委托合同计列，或按项目所在地省（自治区、直辖市）有关规定计列。

10．其他前期工作费。

（1）费用内容。其他前期工作费是指以上内容未包含，但在城市轨道交通前期咨询工作中可能涉及的专题、单项研究及其他咨询服务，如规划咨询、专项技术咨询、投融资专题、网络资源共享专题等所需的费用。

（2）计算方法。按委托合同计列，或根据工作量按工日计取，费用＝∑人工工日×人工工日单价。

（七）研究试验费

1．费用内容。

研究试验费：是指为建设项目提供或验证设计数据、资料等进行必要的研究试验及按照设计规定在建设过程中必须进行试验、验证所需的费用。包括自行或委托其他部门研究试验所需人工费、材料费、试验设备及仪器使用费等。

不包括：

（1）应由科技三项费用（即新产品试制费、中间试验费和重要科学研究补助费）开支的项目。

（2）应在建筑安装费用中列支的施工企业对建筑材料、构件和建筑物等进行一般鉴定、检查所发生的费用及技术革新的研究试验费。

（3）应在勘察设计费或工程费用中开支的项目。

2．计算方法。

根据设计提出的具体研究试验项目，按研究试验内容和要求计列所需的费用。

（八）勘察设计费

勘察设计费：是指建设单位委托勘察设计单位进行工程水文地质勘察、工程设计所发生的各项费用。

1．勘察费。

（1）费用内容。工程勘察费是指为工程设计提供工程地质、水文地质资料、地下管线、地下构筑物资料等的勘察及相应的试验、工程测量等所发生的费用。

（2）计算方法。按勘察委托合同计列，或按工程费用的0.6％～0.8％计列。

2．设计费。

（1）费用内容。

①工程设计收费：是指设计单位根据建设单位委托，提供编制建设项目初步设计文件、施工图设计文件、非标准设备设计文件、BIM设计等服务所收取的费用，包括基本设计收费和其他设计收费。

②基本设计收费：是指在工程设计阶段提供初步设计文件、施工图设计文件收取的费用，并相应提供设计技术交底、解决施工中的设计技术问题、试运行和竣工验收等服务。

③其他设计收费：是指根据工程设计实际需要或者建设单位要求提供相关服务收取的费用，包括总体总包费等。

（2）计算方法。

按设计委托合同计列，或按工程费用的3.5%～4.0%计列。改扩建工程项目另行计列。

（九）咨询费

1. 设计咨询费。

（1）费用内容。设计咨询费是指建设单位委托咨询机构对设计单位设计工作成果进行审查所需的费用。

（2）计算方法。按设计咨询委托合同计列，或按工程费用的0.3%～0.4%计列。

2. 工程造价咨询费。

（1）费用内容。工程造价咨询费是指工程造价咨询企业接受建设单位委托，从事投资估算、工程概算、工程量清单、招标控制价、工程结算、竣工决算的编制与审核，各设计阶段的工程造价控制等与工程造价业务有关的咨询服务，并出具工程造价咨询成果文件等业务活动所收取的费用。

（2）计算方法。按工程造价咨询委托合同计列，或按工程费用的0.3%～0.4%计列。

（十）引进技术和设备其他费

引进技术和设备其他费：是指引进技术和设备发生的但未计入设备购置费的费用。

1. 费用内容。

（1）引进项目图纸资料翻译复制费、备品备件测绘费。

（2）出国人员费用：包括买方人员出国设计联络、出国考察、联合设计、监造、培训等所发生的差旅费、生活费等。

（3）来华人员费用：包括卖方来华工程技术人员的现场办公费用、往返现场交通费用、接待费用等。

（4）银行担保及承诺费：指引进项目由国内外金融机构出面承担风险和责任担保所发生的费用，以及支付贷款机构的承诺费用。

2. 计算方法。

（1）引进项目图纸资料翻译复制费、备品备件测绘费：根据引进项目的具体情况计列或按引进货价（FOB）的比例计列，引进项目发生备品备件测绘费时按具体情况计列。

（2）出国人员费用：依据合同或协议规定的出国人次、期限以及相应的费用标准计算。生活费按财政部、外交部规定的标准计列，差旅费按中国民航公布的票价标准计列。

（3）来华人员费用：依据引进合同或协议有关条款及来华技术人员派遣计划进行计列。来华人员接待费用可按每人次费用指标计列。引进合同价款中已包括的费用内容不得重复计列。

（4）银行担保及承诺费：应按担保或承诺协议计列。概算编制时可以担保金额或承诺金额为基数乘以费率计算。

为简化概算编制，按引进设备费的1.0%～1.5%计列。

（十一） 综合联调及试运行费

1. 费用内容。

综合联调及试运行费：是指新建城市轨道交通项目在交付运营前，按照批准的设计文件所规定的工程质量标准和技术要求，在综合联调及试运行期间对整个系统进行综合联调及试运行所发生的费用。综合联调及试运行费包括综合联调及试运行所需原材料、燃料及动力消耗、低值易耗品、其他物料消耗、工具用具使用费、机械使用费、保险金、人员工资以及专家指导费等。不包括应由设备安装工程费开支的调试费，以及在综合联调及试运行中暴露出来的因施工原因或设备缺陷等发生的处理费用。

2. 计算方法。

（1）综合联调费：按设备购置费和车辆购置费之和的1.0％～1.5％计列；

（2）试运行费：按正线公里数×试运行期（月）×10万元/(正线公里·月）计列。

当与既有线路联调时，费用可适当增加。

（十二） 专利及专有技术使用费

1. 费用内容。

（1）国外设计及技术资料费、引进有效专利、专有技术使用费和技术保密费。

（2）国内有效专利、专有技术使用费。

（3）商标权、商誉和特许经营权费等。

2. 计算方法。

（1）按专利使用许可协议和专有技术使用合同的规定计列。

（2）专有技术的界定应以省、部级鉴定批准为依据。

（3）项目投资中只计算需在建设期支付的专利及专有技术使用费。协议或合同规定在运营期支付的使用费应在运营成本中核算。

（十三） 生产准备及开办费

生产准备及开办费：是指在建设期内建设单位为保证正常运营而发生的人员培训费、提前进厂以及投产使用必备的生产办公、生活家具用具及工器具等的购置费用。包括：

1. 生产职工培训费。

（1）费用内容。生产职工培训费是指工程项目在试运营前，对运营部门生产职工培训所必需的费用。包括提前进厂费用、自行组织培训或委托其他单位培训的人员工资、工资性补贴、职工福利费、差旅交通费、劳动保护费、学习资料费等。

（2）计算方法。按设计确定的定员人数×60％×30000元计列。

2. 生产办公、生活家具用具购置费。

（1）费用内容。生产办公、生活家具用具购置费是指为保证工程项目初期正常运营所必需的生产办公、生活家具用具购置费。

（2）计算方法。

按设计确定的定员人数×9000元计列。

3. 工器具购置费。

(1) 费用内容。工器具购置费是指为保证工程项目初期正常运营所必须购置的第一套不构成固定资产的设备、仪器、仪表、工卡模具、器具、工作台（框、架、柜）等的费用。不包括：构成固定资产的设备、工器具和备品、备件费用，以及已列入设备购置费中的专用工具和备品备件费。

(2) 计算方法。按设计确定的定员人数×4500 元计列。

（十四） 工程保险费

1. 费用内容。

工程保险费：是指为转移工程项目建设的意外风险，在建设期内对建筑工程、安装工程、机器设备和人身安全进行投保而发生的费用。包括建筑安装工程一切险、人身意外伤害险和引进设备财产保险。

2. 计算方法。

按工程费用的 0.4%～0.7%计列。

（十五） 特殊设备安全监督检验费

1. 费用内容。

特殊设备安全监督检验费：是指安全监察部门对在施工现场组装的压力锅炉及压力容器、压力管道、消防设备、燃气设备、电梯等特殊设备和设施实施安全检验验收所收取的费用。

2. 计算方法。

按项目所在地省（自治区、直辖市）安全监察部门的规定计列。无具体规定的，可按受检设备安装工程费的比例估算。

（十六） 安全生产保障费

安全生产保障费：是指为保障工程项目施工安全而发生的费用。包括第三方监测费、第三方检测及评估费等费用。

1. 费用内容。

第三方监测费：是指为保障工程项目施工安全，由建设单位委托第三方监测单位对工程及周边建筑物、构筑物、地下管线、交通设施（道路、桥梁、隧道、通道）等进行监测所发生的费用。

第三方检测、评估费：是指为保障工程项目安全和施工质量，对工程实体（如桩基等）、周边既有建（构）筑物、桥梁等风险源进行第三方检测及评估所发生的费用。

其他与保障工程项目施工安全和质量而发生的费用。

2. 计算方法。

按建筑安装工程费的 0.8%～1.0%计列。

（十七） 配合辅助工程费

1. 费用内容。

配合辅助工程费：是指全部或部分投资由本项目支付修建，而建成后的产权不属于本项目的工程费用，如 110kV 电力进线工程（产权归电力部门时）、城市道路立交桥工程等。

2. 计算方法。

配合辅助工程应作为独立的其他费用编制单元编制全费用概算（含工程建设其他费用、预备费、建设期贷款利息）。

（十八） 其他

指上述费用之外，一般建设项目很少发生或具有明显行业和地区特征的工程建设其他费用项目，如移民安置费、水资源费、水土保持费、河道占用补偿费、超限设备运输措施费、航道维护费、白蚁防治费、环境保护专项费、专项验收费等必须纳入设计概算的其他费用，按国家、有关行业部委和建设项目所在地省（自治区、直辖市）有关规定计列。

第四节　预　备　费

一、 基本预备费

基本预备费：是指针对项目实施过程中可能发生难以预料的支出而事先预留的费用，又称工程建设不可预见费，主要指设计变更及施工过程中可能增加工程量的费用，基本预备费一般由以下四部分组成：

1. 在批准的初步设计范围内，施工图设计及施工过程中所增加的工程费用；设计变更、工程变更、材料代用、局部地基处理等增加的费用。

2. 一般自然灾害造成的损失和预防自然灾害所采取的措施费用。实行工程保险的工程项目，该费用应适当降低。

3. 竣工验收时为鉴定工程质量，对隐蔽工程进行必要的挖掘和修复费用。

4. 超规超限设备运输增加的费用。

计算公式为：

基本预备费＝(建筑安装工程费＋设备及工器具购置费＋工程建设其他费)×基本预备费费率

基本预备费费率为 5%。

二、 价差预备费

1. 价差预备费：是指为正确反映建设项目的概算总额，在设计概算编制年度到项目建设竣工的整个期限内，因形成工程造价诸因素的正常变动（如人工、材料、设备价格的上涨，其他有关费用标准的调整及利率、汇率等因素的变化），导致必须对该工程项目所需的总投资额进行合理的核定和调整而需预留的可能增加的费用，又称价格变动不可预见费。

2. 本项费用应根据建设项目工程筹划设计安排，以其分年度投资额及不同年限，根据国家公布的工程造价年上涨指数计列。计算公式为：

$$E=\sum_{n=1}^{N}F_n[(1+p)^{c+n}-1]$$

式中：E——价差预备费；

N——施工总工期（年）；

F_n——施工期第 n 年的分年度投资额；

p——工程造价年增涨指数；

c——编制年至开工年年限（年）；

n——开工年至结（决）算年年限（年）。

第五节　专 项 费 用

一、 车辆购置费

车辆购置费（含车辆监造费）：按设计确定的初期车辆配置数量及车辆市场价格信息计列。

二、 建设期贷款利息

建设期贷款利息：是指在建设期内发生的为工程项目筹措资金的融资费用及债务资金利息。

建设期贷款利息分为建设期国内贷款利息和建设期国外贷款利息。

（一） 建设期国内贷款利息

建设期国内贷款利息：指工程项目中分年度使用国内贷款，在建设期应归还的贷款利息。计算公式为：

$$\text{建设期贷款利息}=\sum(\text{年初付息贷款本金累计}+\text{本年度付息贷款额}\div 2)\times\text{年利率}$$

即：

$$S=\sum_{n=1}^{N}(\sum_{m=1}^{n}F_m\times b_m-F_n\times b_n\div 2)\times i$$

式中：S——建设期贷款利息；

N——建设总工期（年）；

n——施工年度；

m——还息年度；

F_n、F_m——在建设年度的第 n、m 年的分年度资金供应量；

b_n、b_m——在建设的第 n、m 年份还息贷款占当年投资比例；

i——建设期贷款年利率。

（二） 建设期国外贷款利息

建设期国外贷款利息的计算中，还应包括国外贷款银行根据贷款协议向贷款方以年利率的方式收取的手续费、管理费、承诺费，以及国内代理机构经国家主管部门批准的以年利率的方式向贷款方收取的转贷费、担保费、管理费等。

对分期投资的建设项目，应根据不同时期的工程范围和分年度使用贷款额，计算不同时期建设期贷款利息。

三、 铺底流动资金

铺底流动资金：是指为保证新建工程项目投产初期正常运营，按规定应列入工程项目总投资的铺底流动资金。主要用于购买原材料、燃料、动力，支付职工工资和其他有关费用。一般按流动资金的 30％计算。

为简化编制概算，按设计确定的初期车辆配置数量，每辆 10 万元计列。

附录一　概算文件编制单元划分基本规定表

<table>
<tr><th>序号</th><th>编制单元名称</th><th colspan="2">内　容</th><th>对应章节</th><th>说　明</th></tr>
<tr><td rowspan="4">1</td><td rowspan="4">车站</td><td rowspan="4">每座车站为一个册概算编制单元。包括地下车站、高架车站、地面车站土建结构（含人防）、建筑装饰、附属设施，以及设备系统预留孔洞、沟、槽、安装预埋件的费用。
不包括车站物业开发及换乘车站同步实施但应由其他项目分担的费用。
动力与照明，通风、空调与供暖，给水与排水、消防等工程费用分下列三种情况：
（1）不包括动力与照明，通风、空调与供暖，给水与排水、消防等工程费用；
（2）包括车站动力与照明，通风、空调与供暖，给水与排水、消防等工程费用；
（3）包括车站及车站两端相邻的各半个区间的动力与照明，通风、空调与供暖，给水与排水、消防等工程费用</td><td>其中土建结构包括车站和车站两端折返线、停车线、渡线、存车线的主体结构、附属结构、施工监测、降水、建（构）筑物加固保护等；附属设施包括标识导向、站内外附属设施（包括站前广场、自行车停车场、环保绿化、隔离设施及其他配套建筑）、交通接驳和应列入车站的其他工程费用</td><td>第一章</td><td rowspan="4">（1）车站和区间的分界点在结构分界处；
（2）高架车站如采用“桥建分建”，则车站里程桩号内的高架桥梁结构费用亦属于车站编制单元范畴。区间和车站的建筑分界点在结构分界处</td></tr>
<tr><td>动力与照明</td><td>第六章
21 节</td></tr>
<tr><td>通风、空调与供暖</td><td>第十章
26 节</td></tr>
<tr><td>给水与排水、消防</td><td>第十一章
27 节</td></tr>
<tr><td>2</td><td>区间</td><td colspan="2">每相邻两座车站之间的区间为一个册概算编制单元，联络线及车辆基地每个出入段线分别为一个册概算编制单元。每个单元包括区间正线和其他土建工程（包括区间人防、防淹门、主变电站出线电缆通道、疏散平台、声屏障），以及环保绿化、隔离设施和设备系统预留孔洞及预埋件等工程费用</td><td>第二章</td><td>（1）每个区间不同工法应分别编制后汇总；
（2）出入段线和正线区间或车站的分界点在结构分界处</td></tr>
<tr><td>3</td><td>轨道</td><td colspan="2">全线轨道工程为一个册概算编制单元，包括正线、辅助线（折返线、停车线、渡线、存车线）、车辆基地库内外线、出入段线、联络线、线路有关工程、线路备料和铺轨基地等工程费用</td><td>第三章</td><td>出入段线轨道和正线轨道分界点在正线出岔点或里程分界点</td></tr>
<tr><td>4</td><td>通信</td><td colspan="2">全线通信系统为一个册概算编制单元，分专用通信系统、民用通信引入系统、公安通信系统三部分。包括全线正线、运营控制中心、车辆基地的设备及安装工程费用。按正线、运营控制中心、车辆基地三部分分别编制后汇总。民用通信引入系统单独编制概算</td><td>第四章
12 节</td><td>各子系统分别编制后汇总</td></tr>
</table>

续表

序号	编制单元名称	内　　容	对应章节	说　　明
5	信号	全线信号系统为一个册概算编制单元，按正线、运营控制中心、车辆段、停车场、试车线、车载设备、维修与培训中心等分别编制概算	第五章 13 节	—
6	主变电站	全线主变电站为一个册概算编制单元，每座主变电站分别编制后汇总（含相应的高压电源线路），包括主变电站的房屋建筑与装饰、电力进线（含通道）、变电设备及安装等工程费用	第六章 14 节	主变电站出线通道电缆费用纳入环网电缆工程项下。结构规模由电力专业确定
7	变电所	包括全线各座牵引及混合变电所、开闭所、降压和跟随变电所的设备及安装等工程费用	第六章 15 节	牵引变电所、混合变电所、降压和跟随变电所分别编制后汇总
8	环网电缆	包括全线环网电缆的设备及安装工程费用，含独立的通道电缆	第六章 16 节	包括主变电站馈出线电缆及牵引变电所或降压变电所间的环网电缆及线路差动保护光缆及联跳电缆
9	牵引网	包括全线架空接触网或接触轨的设备及安装工程费用	第六章 17 节	出入段线牵引网和正线分界点在正线出岔点或里程分界点
10	电力监控（SCADA）	包括全线电力监控系统（SCADA）的设备及安装工程费用	第六章 18 节	—
11	杂散电流防护与接地	包括全线杂散电流防护与接地的设备及安装工程费用	第六章 19 节	—
12	综合监控	包括全线综合监控系统的设备及安装工程（不包括独立设备系统）费用	第七章 22 节	正线、运营控制中心、车辆段、停车场分别编制后汇总
13	火灾自动报警（FAS）	包括全线火灾自动报警系统（FAS）的设备及安装工程费用	第八章 23 节	正线、运营控制中心、车辆段、停车场、主变电站、变电所分别编制后汇总
14	环境与设备监控（BAS）	包括全线环境与设备监控系统（BAS）的设备及安装工程费用	第八章 24 节	车站、运营控制中心、车辆段、停车场分别编制后汇总
15	安防与门禁	包括车站、运营控制中心、车辆基地、主变电站、变电所等的设备及安装工程费用	第九章 25 节	车站、运营控制中心、车辆段、停车场、主变电站、变电所分别编制后汇总
16	区间通风、空调与供暖	包括全线区间通风、空调与供暖的设备及安装工程费用	第十章 26 节	—
17	区间给水与排水、消防	包括全线区间给水与排水、消防的设备及安装工程费用	第十一章 28 节	—
18	自动售检票（AFC）	包括全线自动售检票系统（AFC）的设备及安装工程费用	第十二章 29 节	车站、运营控制中心分别编制后汇总

续表

序号	编制单元名称	内　　容	对应章节	说　明
19	站内客运设备	包括全线各车站自动扶梯和自动人行道、轮椅升降机、电梯的设备及安装工程费用（包括控制系统和机械系统）	第十三章 30节	各车站分别编制后汇总，根据提升高度和工况要求编制
20	站台门	包括全线各车站站台门的设备及安装工程费用（包括控制系统和机械系统）	第十三章 31节	根据各车站情况，统计并区分固定门、活动门和门机数量
21	运营控制中心	包括运营控制中心房屋建筑与装饰，室内动力与照明，给水与排水、消防，通风、空调与供暖，电梯，楼宇自动化等设备及安装工程，以及室外道路、围墙、景观、绿化等工程费用	第十四章 32节	—
22	车辆基地	含车辆段和停车场的维修中心、物资总库、培训中心等工程，包括房屋建筑与装饰、道路、桥涵等土建工程，以及动力与照明，通风、空调与供暖，给水与排水、消防，电梯，工艺设备，附属工程等工程费用（风水电含室外）	第十五章 33节	（1）车辆段和停车场分别编制； （2）车辆基地有关系统在各系统编制单元中已一并编制，本编制单元内容仅指基地内房屋、风水电及工艺要求的设备、附属工程
23	人防	包括全线地下车站、地下区间人防防护设备及其配套设施的制作加工、安装等工程费用	第十六章 34节	（1）因人防要求发生的土建费用，列入相应车站或区间编制单元，防护门及门框根据各车站、区间情况，分别编制后汇总； （2）含防淹门
24	前期工程费	包括全线范围土地征用、租用、道路占用、树木砍伐及绿化赔偿、建（构）筑物拆迁、管线迁改、交通疏解、道路恢复、道路破复、影响建筑物使用补偿等费用	第十七章 35节	各车站、各区间、运营控制中心、主变电站、车辆段、停车场的工程数量和费用分别计列后汇总

注：1. 总体设计单位可根据设计项目特点，对上表缺项的工程增补册概算编制单元；也可依据设计分工和建设管理需要，将上表中若干册概算编制单元合并为一个册概算编制单元，或对编制单元做少量调整；但都必须在编制单元划分中予以说明。
2. 房屋建筑按车站、主变电站、运营控制中心、车辆段、停车场分别编制。

附录二　综合概算章节表

章号	节号	工程及费用名称	单位	说　　明
		第一部分　工程费用	正线公里	—
一		车站	正线公里	包括车站两端折返线、停车线、渡线、存车线等
	1	地下车站（××站）	m^2	—
		一、车站主体	m^2	—
		（一）明挖地下车站（××站）	m^2	—
		1. 围护结构	m^3	按不同围护结构类型分别编制
		（1）地下连续墙	m^3	—
		（2）SWM 围护	m^3	—
		（3）钻孔（排）桩	m^3	—
		（4）锚索及土钉墙	m^2	—
		（5）其他围护结构	m^3	—
		2. 土石方、支撑、降水	m^3	—
		（1）土石方	m^3	按土、石分列
		（2）钢支撑	t	—
		（3）混凝土支撑	m^3	包括格构柱及基础
		（4）降水	元	—
		3. 主体结构	m^3	—
		（1）内部钢筋混凝土结构	m^3	含抗浮结构工程内容
		（2）防水	m^2	—
		（二）盖挖地下车站（××站）	m^2	—
		1. 竖井及横通道	元	按不同竖井、横通道分列
		（1）竖井	座	注明“长×宽×高”尺寸，内容参照明挖
		（2）横通道	延长米	内容参照暗挖
		2. 围护结构	m^3	按不同围护结构类型分别编制
		（1）地下连续墙	m^3	—
		（2）SWM 围护	m^3	—
		（3）钻孔（排）桩	m^3	—
		（4）锚索及土钉墙	m^2	—
		（5）其他围护结构	m^3	—
		3. 土石方、支撑、降水	m^3	—
		（1）土石方	m^3	按土、石分列
		（2）钢支撑	t	—
		（3）混凝土支撑	m^3	包括格构柱及基础

续表

章号	节号	工程及费用名称	单位	说　明
		(4) 降水	元	—
		4. 盖板系统	m^2	包括混凝土板及支撑系统
		5. 主体结构	m^3	—
		(1) 内部钢筋混凝土结构	m^3	含抗浮结构工程内容
		(2) 防水	m^2	—
		(三) 暗挖地下车站（××站）	m^2	—
		1. 竖井及横通道	元	按不同竖井、横通道分列
		(1) 竖井	座	注明“长×宽×高”尺寸，内容参照明挖
		(2) 横通道	延长米	内容参照暗挖
		2. 主体结构	m^3	—
		(1) 土石方	m^3	按土、石分列
		(2) 初期支护	m^3	—
		(3) 二衬及防水	m^3	含衬砌背后压浆（衬砌背后回填）
		(4) 其他	元	—
		二、出入口通道（××个）	m^2	含换乘通道
		(一) 明挖出入口通道（××个）	m^2	—
		1. 围护结构	m^3	按不同围护结构类型分别编制
		(1) 地下连续墙	m^3	—
		(2) SWM 围护	m^3	—
		(3) 钻孔（排）桩	m^3	—
		(4) 锚索及土钉墙	m^2	—
		(5) 其他围护结构	m^3	—
		2. 土石方、支撑、降水	m^3	—
		(1) 土石方	m^3	按土、石分列
		(2) 钢支撑	t	—
		(3) 混凝土支撑	m^3	包括格构柱及基础
		(4) 降水	元	—
		3. 主体结构	m^3	—
		(1) 内部钢筋混凝土结构	m^3	—
		(2) 防水	m^2	—
		(二) 盖挖出入口通道（××个）	m^2	—
		1. 竖井及横通道	元	按不同竖井、横通道分列
		(1) 竖井	座	注明“长×宽×高”尺寸，内容参照明挖
		(2) 横通道	延长米	内容参照暗挖
		2. 围护结构	m^3	按不同围护结构类型分别编制
		(1) 地下连续墙	m^3	—
		(2) SWM 围护	m^3	—
		(3) 钻孔（排）桩	m^3	—
		(4) 锚索及土钉墙	m^2	—
		(5) 其他围护结构	m^3	—
		3. 土石方、支撑、降水	m^3	—
		(1) 土石方	m^3	按土、石分列
		(2) 钢支撑	t	—

续表

章号	节号	工程及费用名称	单位	说明
		(3) 混凝土支撑	m^3	包括格构柱及其基础
		(4) 降水	元	—
		4. 盖板系统	m^2	包括混凝土板及支撑系统
		5. 主体结构	m^3	—
		(1) 内部钢筋混凝土结构	m^3	—
		(2) 防水	m^2	—
		(三) 暗挖出入口通道 (××个)	m^2	—
		1. 竖井及横通道	元	按不同竖井、横通道分列
		(1) 竖井	座	注明"长×宽×高"尺寸，内容参照明挖
		(2) 横通道	延长米	内容参照暗挖
		2. 主体结构	m^3	—
		(1) 土石方	m^3	按土、石分列
		(2) 初期支护	m^3	—
		(3) 二衬及防水	m^3	含衬砌背后压浆 (衬砌背后回填)
		(4) 其他	元	—
		(四) 出入口上盖	座	—
		三、风道、风井 (××个)	m^2	—
		(一) 明挖风道 (××个)	m^2	—
		1. 围护结构	m^3	按不同围护结构类型分别编制
		(1) 地下连续墙	m^3	—
		(2) SWM 围护	m^3	—
		(3) 钻孔 (排) 桩	m^3	—
		(4) 锚索及土钉墙	m^2	—
		(5) 其他围护结构	m^3	—
		2. 土石方、支撑、降水	m^3	—
		(1) 土石方	m^3	按土、石分列
		(2) 钢支撑	t	—
		(3) 混凝土支撑	m^3	包括格构柱及其基础
		(4) 降水	元	—
		3. 主体结构	m^3	—
		(1) 内部钢筋混凝土结构	m^3	—
		(2) 防水	m^2	—
		(二) 盖挖风道 (××个)	m^2	—
		1. 竖井及横通道	元	按不同竖井、横通道分列
		(1) 竖井	座	注明"长×宽×高"尺寸，内容参照明挖
		(2) 横通道	延长米	内容参照暗挖
		2. 围护结构	m^3	按不同围护结构类型分别编制
		(1) 地下连续墙	m^3	—
		(2) SWM 围护	m^3	—
		(3) 钻孔 (排) 桩	m^3	—
		(4) 锚索及土钉墙	m^2	—
		(5) 其他围护结构	m^3	—
		3. 土石方、支撑、降水	m^3	—

续表

章号	节号	工程及费用名称	单位	说　明
		(1) 土石方	m^3	按土、石分列
		(2) 钢支撑	t	—
		(3) 混凝土支撑	m^3	包括格构柱及基础
		(4) 降水	元	—
		4. 盖板系统	m^2	包混凝土板及支撑系统
		5. 主体结构	m^3	—
		(1) 内部钢筋混凝土结构	m^3	—
		(2) 防水	m^2	—
		(三) 暗挖风道 (××个)	m^2	—
		1. 竖井及横通道	元	按不同竖井、横通道分列
		(1) 竖井	座	注明“长×宽×高”尺寸，内容参照明挖
		(2) 横通道	延长米	内容参照暗挖
		2. 主体结构	m^3	
		(1) 土石方	m^3	按土、石分列
		(2) 初期支护	m^3	—
		(3) 二衬及防水	m^3	含衬砌背后压浆 (衬砌背后回填)
		(4) 其他	元	—
		(四) 风井 (××个)	m^2	—
		1. 围护结构	m^3	按不同围护结构类型分别编制
		(1) 地下连续墙	m^3	—
		(2) SWM 围护	m^3	—
		(3) 钻孔 (排) 桩	m^3	—
		(4) 锚索及土钉墙	m^2	—
		(5) 其他围护结构	m^3	—
		2. 土石方、支撑、降水	m^3	—
		(1) 土石方	m^3	按土、石分列
		(2) 钢支撑	t	—
		(3) 混凝土支撑	m^3	包括格构柱及基础
		(4) 降水	元	—
		3. 主体结构	m^3	—
		(1) 内部钢筋混凝土结构	m^3	—
		(2) 防水	m^2	—
		(五) 风亭	组	—
		四、施工监测	元	—
		五、车站装修	m^2	—
		(一) 公共区	m^2	含出入口通道
		(二) 设备区	m^2	—
		(三) 轨行区	m^2	不含站台范围以外轨行区
		六、车站附属设施	元	—
		(一) 标识导向	元	包括站内外及通道
		(二) 站前广场	m^2	—
		(三) 自行车停车场	m^2	—
		(四) 环保绿化	m^2	—

续表

章号	节号	工程及费用名称	单位	说　明
		（五）其他附属设施	处	包括隔离设施及其他配套建筑，按不同工程类别分列
		七、加固及建（构）筑物保护	元	—
		（一）地基加固	元	—
		（二）建（构）筑物加固保护	元	按每处分列
		（三）岩溶处理	元	—
		（四）管线加固及悬吊	元	—
		（五）其他	元	—
	2	高架车站（××站）	m^2	—
		一、桥梁结构	m^2	—
		（一）下部建筑	m^3	—
		1. 土石方	m^3	包括钢板桩支护
		2. 基础	m^3	按不同基础类型分列
		(1) 明挖	m^3	—
		(2) 沉井	m^3	—
		(3) 挖孔桩	m^3/m	—
		(4) 钻孔桩	m^3/m	—
		(5) 管桩	m^3/m	—
		(6) 管柱	m^3/m	—
		3. 承台	m^3	—
		4. 墩台及盖梁	m^3	—
		(1) 浆砌石	m^3	—
		(2) 混凝土	m^3	—
		(3) 钢筋混凝土	m^3	—
		（二）上部建筑	m^2	包括梁的制作、运输、拼接、架设
		1. 钢筋混凝土梁	m^3	按现浇、预制分列
		2. 预应力钢筋混凝土梁	m^3	按现浇、预制分列
		3. 钢梁	t	按钢板梁、钢桁梁分列
		4. 桥面系	m^2	—
		（三）附属工程	元	如锥体、缺口填筑等
		（四）噪声防护	处	包括声屏障
		二、车站房屋	m^2	包括在高架车站设计的其他专业需要的房屋
		（一）钢筋混凝土结构	m^3	—
		（二）钢结构	t	—
		（三）屋面板	m^2	—
		三、人行天桥	m^2	内容参照桥梁结构
		四、建筑装修	m^2	—
		（一）外立面装饰	m^2	—
		（二）室内装饰	m^2	—
		五、车站附属设施	元	—
		（一）标识导向	元	包括站内外及通道
		（二）站前广场	m^2	—
		（三）自行车停车场	m^2	—
		（四）环保绿化	m^2	—

续表

章号	节号	工程及费用名称	单位	说　明
		（五）其他附属设施	处	包括隔离设施及其他配套建筑，按不同工程类别分列
		六、加固及建（构）筑物保护	元	—
		（一）地基加固	元	—
		（二）建（构）筑物加固保护	元	按每处分列
		（三）管线加固及悬吊	元	—
		（四）其他	元	—
	3	地面车站（××站）	m^2	—
		一、路基	m^3	—
		（一）土石方	m^3	—
		1. 土方	m^3	—
		2. 石方	m^3	—
		（二）特设路基	m^3	按软土路基、膨胀土路基、冻土路基、震动液化路基等分列
		（三）附属工程	元	—
		1. 附属土石方	m^3	—
		2. 加固及防护	m^3	—
		（1）植树	棵	—
		（2）铺种草	m^2	—
		（3）干砌石	m^3	—
		（4）浆砌石	m^3	—
		（5）混凝土	m^3	—
		3. 挡土墙	m^3	按不同挡土墙类型分列
		4. 其他附属工程	元	按不同附属工程类型分列
		二、车站房屋	m^2	包括在地面车站设计的其他专业需要的房屋
		（一）钢筋混凝土结构	m^3	—
		（二）钢结构	t	—
		（三）屋面板	m^2	—
		三、建筑装修	m^2	—
		（一）外立面装饰	m^2	—
		（二）室内装饰	m^2	—
		四、车站附属设施	元	—
		（一）标识导向	元	包括站内外及通道
		（二）站前广场	m^2	—
		（三）自行车停车场	m^2	—
		（四）环保绿化	m^2	—
		（五）其他附属设施	处	包括隔离设施及其他配套建筑，按不同工程类别分列
		五、加固及建（构）筑物保护	—	—
		（一）地基加固	元	—
		（二）建（构）筑物加固保护	元	按每处分列
		（三）管线加固及悬吊	元	—
		（四）其他	元	—

续表

章号	节号	工程及费用名称	单位	说　明
	4	其他房屋	m^2	包括车辆基地、控制中心范围以外的公安派出所、消防站、培训房屋等
二		区间	正线公里	包括出入段线、联络线、主变电站出线电缆通道等
	5	地下区间	正线公里	—
		一、盾构法	双延米	—
		（一）区间主体	双延米	—
		1. 掘进及出渣	延长米	—
		2. 管片拼装	m^3	包括管片预制、运输
		3. 预埋槽道	米	—
		4. 端头加固	元	—
		（二）联络通道	延长米	内容参照暗挖工程
		1. 开挖及初支	m^3	—
		2. 二衬及防水	m^3	含衬砌背后注浆（衬砌背后回填）
		3. 其他	元	—
		4. 地基加固	元	—
		（三）区间风井、盾构井	座	注明“长×宽×高”尺寸
		1. 围护结构	m^3	按不同围护结构类型分别编制，内容参照明挖
		2. 土石方、支撑、降水	m^3	—
		（1）土石方	m^3	按土、石分列
		（2）钢支撑	t	—
		（3）混凝土支撑	m^3	包括格构柱及基础
		（4）降水	元	—
		3. 主体结构	m^3	—
		（1）内部钢筋混凝土结构	m^3	—
		（2）防水	m^2	—
		（四）施工监测	元	—
		二、明挖法	双延米	—
		（一）区间主体	双延米	—
		1. 围护结构	m^3	按不同围护结构类型分别编制
		（1）地下连续墙	m^3	—
		（2）SWM 围护	m^3	—
		（3）钻孔（排）桩	m^3	—
		（4）锚索及土钉墙	m^2	—
		（5）其他围护结构	m^3	—
		2. 土石方、支撑、降水	m^3	—
		（1）土石方	m^3	按土、石分列
		（2）钢支撑	t	—
		（3）混凝土支撑	m^3	包括格构柱及基础
		（4）降水	元	—
		3. 主体结构	m^3	—
		（1）内部钢筋混凝土结构	m^3	—
		（2）防水	m^2	—
		（二）区间风井	座	注明“长×宽×高”尺寸

续表

章号	节号	工程及费用名称	单位	说　明
		1. 围护结构	m^3	按不同围护结构类型分别编制，内容参照明挖
		2. 土石方、支撑、降水	m^3	—
		(1) 土石方	m^3	按土、石分列
		(2) 钢支撑	t	—
		(3) 混凝土支撑	m^3	包括格构柱及基础
		(4) 降水	元	—
		3. 主体结构	m^3	—
		(1) 内部钢筋混凝土结构	m^3	—
		(2) 防水	m^2	—
		(三) 施工监测	元	—
		三、盖挖法	双延米	—
		(一) 区间主体	双延米	—
		1. 竖井及横通道	元	按不同竖井、横通道分列
		(1) 竖井	座	注明“长×宽×高”尺寸，内容参照明挖
		(2) 横通道	延长米	内容参照暗挖
		2. 围护结构	m^3	按不同围护结构类型分别编制
		(1) 地下连续墙	m^3	—
		(2) SWM 围护	m^3	—
		(3) 钻孔（排）桩	m^3	—
		(4) 锚索及土钉墙	m^2	—
		(5) 其他围护结构	m^3	—
		3. 土石方、支撑、降水	m^3	—
		(1) 土石方	m^3	按土、石分列
		(2) 钢支撑	t	—
		(3) 混凝土支撑	m^3	—
		(4) 降水	元	—
		4. 盖板系统	m^2	包括混凝土板及支撑系统
		5. 主体结构	m^3	—
		(1) 内部钢筋混凝土结构	m^3	—
		(2) 防水	m^2	—
		(二) 区间风井	座	注明“长×宽×高”尺寸
		1. 围护结构	m^3	按不同围护结构类型分别编制，内容参照明挖
		2. 土石方、支撑、降水	m^3	—
		(1) 土石方	m^3	按土、石分列
		(2) 钢支撑	t	—
		(3) 混凝土支撑	m^3	包括格构柱及基础
		(4) 降水	元	—
		3. 主体结构	m^3	—
		(1) 内部钢筋混凝土结构	m^3	—
		(2) 防水	m^2	—
		(三) 施工监测	元	—
		四、暗挖法	双延米	—
		(一) 区间主体	双延米	—

续表

章号	节号	工程及费用名称	单位	说　明
		1. 竖井及横通道	元	按不同竖井、横通道分列
		(1) 竖井	座	注明“长×宽×高”尺寸，内容参照明挖
		(2) 横通道	延长米	内容参照暗挖
		2. 主体结构	m^3	—
		(1) 土石方	m^3	按土、石分列
		(2) 初期支护	m^3	—
		(3) 二衬及防水	m^3	含衬砌背后注浆（衬砌背后回填）
		(4) 其他	元	—
		(二) 联络通道	延长米	—
		1. 开挖及初支	m^3	—
		2. 二衬及防水	m^3	含衬砌背后注浆（衬砌背后回填）
		3. 其他	元	—
		(三) 区间风井	座	注明“长×宽×高”尺寸
		1. 围护结构	m^3	按不同围护结构类型分别编制，内容参照明挖
		2. 土石方、支撑、降水	m^3	—
		(1) 土石方	m^3	按土、石分列
		(2) 钢支撑	t	—
		(3) 混凝土支撑	m^3	包括格构柱及基础
		(4) 降水	元	—
		3. 主体结构	m^3	—
		(1) 内部钢筋混凝土结构	m^3	—
		(2) 防水	m^2	—
		(四) 施工监测	元	—
		五、疏散平台	延长米	—
		六、加固及建（构）筑物保护	元	—
		(一) 地基加固	元	不包括盾构端头加固和联络线地基加固
		(二) 建（构）筑物加固保护	元	按每处分列
		(三) 岩溶处理	元	—
		(四) 管线加固及悬吊	元	—
		(五) 其他	元	—
	6	高架区间	双延米	—
		一、单线桥	延长米/m^2	—
		(一) 下部建筑	m^3	—
		1. 土石方	m^3	包括钢板桩支护，土、石分列
		2. 基础	m^3	按不同基础类型分列
		(1) 明挖	m^3	—
		(2) 沉井	m^3	—
		(3) 挖孔桩	m^3/m	—
		(4) 钻孔桩	m^3/m	—
		(5) 管桩	m^3/m	—
		(6) 管柱	m^3/m	—
		3. 承台	m^3	—
		4. 墩台及盖梁	m^3	—

续表

章号	节号	工程及费用名称	单位	说明
		(1) 浆砌石	m^3	—
		(2) 混凝土	m^3	—
		(3) 钢筋混凝土	m^3	—
		(二) 上部建筑	m^2	包括梁的制作、运输、拼接、架设
		1. 钢筋混凝土梁	m^3	按现浇、预制分列
		2. 预应力钢筋混凝土梁	m^3	按现浇、预制分列
		3. 钢梁	t	按钢板梁、钢桁梁分列
		4. 桥面系	m^2	—
		(三) 附属工程	元	—
		1. 加固及防护	延长米	包括边坡和河岸
		(1) 土石方	m^3	—
		(2) 砌体	m^3	—
		(3) 混凝土	m^3	—
		(4) 植被	m^2	—
		2. 锥体护坡	m^3	—
		(1) 土石方	m^3	—
		(2) 砌体	m^3	—
		(3) 混凝土	m^3	—
		(4) 植被	m^2	—
		3. 其他	延长米	如锥体、缺口填筑等
		二、双线桥	双延米/m^2	项目同单线桥
		三、三(多)线桥	多线延长米/m^2	项目同单线桥
		四、特殊节点桥	延长米/m^2	项目同单线桥
		五、噪声防护	处	包括声屏障
		六、疏散平台	延长米	—
		七、加固及建(构)筑物保护	元	—
		(一) 地基加固	元	—
		(二) 建(构)筑物加固保护	元	按每处分列
		(三) 岩溶处理	元	—
		(四) 管线加固及悬吊	元	—
		(五) 其他	元	—
		八、制(存)梁场	处	对应各处梁场布置方案分列
	7	地面区间	正线公里	—
		一、路基	m^3	—
		(一) 土石方	m^3	—
		1. 土方	m^3	—
		2. 石方	m^3	—
		(二) 特设路基	m^3	按软土路基、膨胀土路基、冻土路基、振动液化路基等分列
		(三) 附属工程	元	—
		1. 附属土石方	m^3	—

续表

章号	节号	工程及费用名称	单位	说明
		2. 加固及防护	m^3	—
		(1) 植树	棵	—
		(2) 铺种草	m^2	—
		(3) 干砌石	m^3	—
		(4) 浆砌石	m^3	—
		(5) 混凝土	m^3	—
		3. 挡土墙	m^3	按不同挡土墙类型分列
		4. 其他附属工程	元	按不同附属工程类型分列
		二、桥梁结构	m^2	—
		(一) 下部建筑	m^3	—
		1. 土石方	m^3	包括钢板桩支护，土、石分列
		2. 基础	m^3	按不同基础类型分列
		(1) 明挖	m^3	—
		(2) 沉井	m^3	—
		(3) 挖孔桩	m^3/m	—
		(4) 钻孔桩	m^3/m	—
		(5) 管桩	m^3/m	—
		(6) 管柱	m^3/m	—
		3. 承台	m^3	—
		4. 墩台及盖梁	m^3	—
		(1) 浆砌石	m^3	—
		(2) 混凝土	m^3	—
		(3) 钢筋混凝土	m^3	—
		(二) 上部建筑	m^2	包括梁的制作、运输、拼接、架设
		1. 钢筋混凝土梁	m^3	按现浇、预制分列
		2. 预应力钢筋混凝土梁	m^3	按现浇、预制分列
		3. 钢梁	t	按钢板梁、钢桁梁分列
		4. 桥面系	m^2	—
		(三) 附属工程	元	包括锥体护坡、河床加固及防护等
		三、涵洞（××座）	横延米	包括基础、涵身、出入口端、翼墙、沟床开挖、铺砌、道路铺设、洞内照明设施等，按单、双、多孔分列
		(一) 圆涵（××座）	横延米	按明挖、顶进分列
		(二) 拱涵（××座）	横延米	—
		(三) 盖板箱涵（××座）	横延米	—
		(四) 框架涵（××座）	横延米	按明挖、顶进分列
		(五) 渡槽（××座）	横延米	—
		四、噪声防护	处	包括声屏障
		五、加固及建（构）筑物保护	元	按每处分列
		(一) 地基加固	元	—

续表

章号	节号	工程及费用名称	单位	说　明
		（二）建（构）筑物加固保护	元	按每处分列
		（三）岩溶处理	元	—
		（四）管线加固及悬吊	元	—
		（五）其他	元	—
	8	特殊线段区间	双延米	包括出入段（场）线、联络线等
		一、出入段（场）线	延长米	—
		二、联络线	延长米	—
三		轨道	正线公里	—
	9	正线	铺轨公里	包括辅助线及联络线，辅助线含折返线、停车线、渡线、存车线等
		一、新建	铺轨公里	—
		（一）地下段	铺轨公里	—
		1. 铺轨	铺轨公里	按一般段、中等减振段、高等减振段、特殊减振段分列
		（1）一般段	铺轨公里	—
		（2）中等减振段	铺轨公里	—
		（3）高等减振段	铺轨公里	—
		（4）特殊减振段	铺轨公里	—
		2. 铺道岔	组	—
		（1）单开道岔	组	—
		（2）特种道岔	组	—
		3. 铺道床	铺轨公里/m^3	—
		（1）一般段整体道床	铺轨公里/m^3	—
		（2）中等减振段整体道床	铺轨公里/m^3	—
		（3）高等减振段整体道床	铺轨公里/m^3	—
		（4）特殊减振段整体道床	铺轨公里/m^3	—
		（二）高架段	铺轨公里	—
		1. 铺轨	铺轨公里	—
		（1）一般段	铺轨公里	—
		（2）中等减振段	铺轨公里	—
		（3）高等减振段	铺轨公里	—
		（4）特殊减振段	铺轨公里	—
		2. 铺道岔	组	—
		（1）单开道岔	组	—
		（2）特种道岔	组	—
		3. 铺道床	铺轨公里/m^3	—
		（1）一般段整体道床	铺轨公里/m^3	—
		（2）中等减振段整体道床	铺轨公里/m^3	—
		（3）高等减振段整体道床	铺轨公里/m^3	—
		（4）特殊减振段整体道床	铺轨公里/m^3	—
		（三）地面段	铺轨公里	—
		1. 铺轨	铺轨公里	—
		（1）碎石道床	铺轨公里	—
		（2）整体道床	铺轨公里	—

续表

章号	节号	工程及费用名称	单位	说　明
		2. 铺道岔	组	—
		(1) 单开道岔	组	—
		(2) 特种道岔	组	—
		3. 铺道床	铺轨公里/m^3	—
		(1) 碎石道床	铺轨公里/m^3	—
		(2) 整体道床	铺轨公里/m^3	—
		二、改建	铺轨公里	—
		(一) 线路	铺轨公里	—
		1. 拆除	铺轨公里	—
		2. 铺设	铺轨公里	—
		3. 改移改拨	铺轨公里	—
		4. 换轨	铺轨公里	—
		5. 换枕	铺轨公里	—
		(二) 道岔	组	—
		1. 拆除	组	—
		2. 重铺	组	—
		(三) 道床	铺轨公里	—
		1. 碎石道床	铺轨公里/m^3	包括清筛道砟、补充道砟
		2. 整体道床	铺轨公里/m^3	—
		3. 减震道床	铺轨公里/m^3	—
	10	车辆基地	铺轨公里	包括库内外线与出入段线，车辆段与停车场分列
		一、新建	铺轨公里	—
		(一) 铺轨	铺轨公里	—
		1. 碎石道床	铺轨公里	—
		2. 整体道床	铺轨公里	—
		(二) 铺道岔	组	—
		1. 单开道岔	组	—
		2. 特种道岔	组	—
		(三) 铺道床	铺轨公里/m^3	—
		1. 碎石道床	铺轨公里/m^3	—
		2. 整体道床	铺轨公里/m^3	—
		3. 减震道床	铺轨公里/m^3	—
		二、改建	铺轨公里	细目同正线
		(一) 线路	铺轨公里	细目同正线
		(二) 道岔	铺轨公里	细目同正线
		(三) 道床	铺轨公里/m^3	细目同正线
	11	线路有关工程	正线公里	—
		一、有关工程	铺轨公里	包括车挡、线路标志、CP Ⅲ布网、平交道、线路沉落整修等
		二、线路备料	铺轨公里	包括备料及钢轨架
		三、铺轨基地	处	包括土石方、混凝土及地基处理等
四	12	通信	正线公里	—
		一、专用通信系统	正线公里	—

续表

章号	节号	工程及费用名称	单位	说　明
		(一) 传输系统	正线公里	—
		(二) 无线通信系统	正线公里	—
		(三) 公务电话系统	正线公里	—
		(四) 专用电话系统	正线公里	—
		(五) 视频监视系统	正线公里	—
		(六) 广播系统	正线公里	—
		(七) 时钟系统	正线公里	—
		(八) 办公自动化系统	正线公里	—
		(九) 电源系统及接地	正线公里	—
		(十) 集中告警系统	正线公里	—
		(十一) 乘客信息系统 (PIS)	正线公里	—
		(十二) 其他	正线公里	—
		二、公安通信系统	正线公里	—
		(一) 公安视频监视系统	正线公里	—
		(二) 公安无线通信引入系统	正线公里	—
		(三) 公安数据网络	正线公里	—
		(四) 公安电源系统	正线公里	—
		(五) 其他	正线公里	—
		三、民用通信引入系统	正线公里	—
		(一) 民用传输系统	正线公里	—
		(二) 移动通信引入系统	正线公里	—
		(三) 集中监测告警系统	正线公里	—
		(四) 民用电源系统	正线公里	—
		(五) 其他	正线公里	—
五	13	信号	正线公里	—
		一、正线	正线公里	—
		二、运营控制中心	处	—
		三、车辆段	联锁道岔	—
		四、停车场	联锁道岔	—
		五、试车线	条	—
		六、车载设备	列	—
		七、维修与培训中心	处	—
		八、其他	元	包括延长线预留接口和续接费用等
六		供电	正线公里	—
	14	主变电站	座	包括主变电站的房屋建筑与装饰、电力进线、变电设备及安装等工程
		一、主变电站	座	按不同主变电站分列
		(一) 主变电站房屋	m^2	包括主变电站房屋建筑与装饰，动力与照明，通风、空调与供暖，给水与排水、消防，道路，围墙，室外广场，绿化等
		(二) 变电工程	元	—
		二、电力进线	km	—
		(一) 110kV 输电线路	km	—

续表

章号	节号	工程及费用名称	单位	说　明
		（二）其他	元	—
		三、其他	元	—
	15	变电所	座	按牵引所、降压所、开闭所、混合所、跟随所等不同用途的变电所分列
	16	环网电缆	正线公里	—
		（一）环网电缆	条公里	—
		（二）通道电缆	m	主变电站至附近车站（或区间）变电所的通道电缆
	17	牵引网（接触轨）	正线公里	按正线、车辆段、停车场分列
		一、架空接触网	条公里	包括刚性架空接触网和柔性架空接触网
		（一）正线	条公里	—
		（二）车辆段	条公里	—
		（三）停车场	条公里	—
		二、接触轨	条公里	—
		（一）正线	条公里	—
		（二）车辆段	条公里	—
		（三）停车场	条公里	—
	18	电力监控（SCADA）	正线公里	包括车站、运营控制中心、车辆基地电力监控系统（SCADA）
	19	杂散电流防护与接地系统	正线公里	—
		一、杂散电流防护	正线公里	包括正线、车辆基地
		（一）正线	正线公里	—
		（二）车辆段	处	—
		（三）停车场	处	—
		二、接地系统	处	—
	20	供电车间及其他系统	元	包括供电车间、车站不间断电源（UPS）系统整合、再生制动能量利用系统、电能质量管理系统、光伏发电系统、供电生产管理系统等，按不同系统类型分列。
	21	动力与照明	正线公里	包括车站、区间动力与照明，含发电、配电、变电设备、灯具等
七	22	综合监控（ISCS）	正线公里	包括正线、运营控制中心、车辆基地
		一、车站	站	—
		二、运营控制中心	处	—
		三、车辆段	处	—
		四、停车场	处	—
八		火灾自动报警、环境与设备监控	正线公里	—
	23	火灾自动报警（FAS）	正线公里	包括正线、运营控制中心、车辆基地、主变电站、变电所
		一、车站	站	—
		二、运营控制中心	处	—
		三、车辆段	处	—
		四、停车场	处	—
		五、主变电站	处	—
		六、变电所	处	指车站外变电所，如区间变电所等
	24	环境与设备监控（BAS）	正线公里	包括车站、运营控制中心、车辆基地

续表

章号	节号	工程及费用名称	单位	说　明
		一、车站	站	—
		二、运营控制中心	处	—
		三、车辆段	处	—
		四、停车场	处	—
九	25	安防与门禁	正线公里	—
		一、安防系统	正线公里	包括安检
		（一）车站	站	—
		（二）运营控制中心	处	—
		（三）车辆段	处	—
		（四）停车场	处	—
		二、门禁系统（ACS）	正线公里	包括车站、运营控制中心、车辆基地、主变电站、变电所
		（一）车站	站	—
		（二）运营控制中心	处	—
		（三）车辆段	处	—
		（四）停车场	处	—
		（五）主变电站	处	—
		（六）变电所	处	此处指车站外的变电所，如区间变电所等
十	26	通风、空调与供暖	正线公里	包括车站、区间
		一、车站	站	—
		二、区间	正线公里	—
		三、综合支吊架及抗震支吊架	站	包括动力与照明，通风、空调与供暖，给水与排水、消防等共用支吊架
十一		给水与排水、消防	正线公里	—
	27	车站给水与排水、消防	站	—
		一、给水	站	—
		二、排水	站	含废水处理
		三、消防	站	—
		四、市政管网接驳	站	—
		五、自动灭火系统	站	—
	28	区间给水与排水、消防	正线公里	细目同车站给水与排水、消防
十二	29	自动售检票（AFC）	正线公里	包括车站、运营控制中心、维修中心
		一、车站	站	—
		二、运营控制中心	处	—
		三、清分系统	元	—
十三		站内客运设备、站台门	正线公里	—
	30	站内客运设备	正线公里	—
		一、自动扶梯	部	—
		二、电梯	部	—
		三、自动人行道	部	—
		四、轮椅升降台	部	—
	31	站台门	站	包括控制系统和机械系统
		一、站台门	门体单元	—

续表

章号	节号	工程及费用名称	单位	说明
十四	32	运营控制中心	正线公里	—
		一、房屋	m^2	包括运营控制中心房屋建筑与装饰，动力与照明，通风、空调与供暖，给水与排水、消防，楼宇智能化，电梯等
		二、附属工程	元	包括室外道路、围墙、景观、绿化等
十五	33	车辆基地	正线公里	包括生产及办公房屋、运营生产设备及建筑附属设施，车辆段和停车场分列
		一、车辆段	座	—
		（一）生产及办公房屋	m^2	包括生产及办公房屋建筑与装饰，室内动力与照明，通风、空调与供暖，给水与排水、消防，电梯等
		1. 建筑与装饰	m^2	—
		2. 动力与照明	m^2	—
		3. 通风、空调与供暖	m^2	—
		4. 给水与排水、消防	m^2	—
		5. 电梯	部	—
		（二）工艺设备	元	—
		1. 车辆工艺设备	元	—
		2. 综合维修中心设备	处	—
		3. 物资总库设备	处	—
		4. 培训中心设备	处	—
		5. 其他工艺及运营生产设备	处	—
		（三）附属工程	元	—
		1. 检查坑	元	—
		2. 地基处理	元	—
		3. 边坡加固及防护	元	—
		4. 土石方	m^3	按土、石分列
		5. 场区道路	m^2	包括段内及进出段道路
		6. 桥梁	延长米/m^2	按不同桥梁分列
		7. 涵洞	横延米/m^2	按不同涵洞分列
		8. 室外综合管线	m	包括室外动力与照明、给水与排水、采暖、煤气管线、强弱电综合管沟等
		9. 场区绿化	m^2/棵	—
		10. 其他	元	包括围墙、大门、排水设施、市政管网接驳、标识导向等
		二、停车场	座	内容参照车辆段
十六	34	人防	正线公里	包括人防防护设备及其配套设施
		一、人防门	项	—
		二、防淹门	项	—
		三、其他	元	—
第二部分　工程建设其他费用			正线公里	
十七		工程建设其他费用	正线公里	—
	35	前期工程费	元	—
		一、土地征用及补偿费	亩	—
		二、临时占地费	亩	—

续表

章号	节号	工程及费用名称	单位	说　明
		三、建（构）筑物拆迁补偿费	元	—
		（一）房屋补偿费	平方米	—
		（二）商业补偿费	平方米	—
		（三）构筑物补偿费	平方米	—
		四、树木及绿化赔偿费	元	—
		五、道路恢复费	元	—
		六、道路破复费	元	—
		七、管线迁改费	元	—
		八、交通疏解费	元	—
	36	其他费用	正线公里	—
		一、场地准备费	元	—
		二、项目建设管理费	元	—
		三、建设工程监理与相关服务费	元	—
		四、招标代理服务费	元	—
		五、招标交易服务费	元	—
		六、前期工作费	元	—
		（一）可行性研究费	元	—
		（二）环境影响评价费	元	—
		（三）客流预测报告编制费	元	—
		（四）地震安全性评价费	元	—
		（五）地质灾害危险性评估费	元	—
		（六）节能评估费	元	—
		（七）社会稳定风险评估费	元	—
		（八）防洪评价费	元	—
		（九）文物勘探及保护费	元	—
		（十）其他前期工作费用	元	—
		七、研究试验费	元	—
		八、勘察设计费	元	—
		（一）勘察费	元	—
		（二）设计费	元	—
		九、咨询费	元	—
		（一）设计咨询费	元	—
		（二）工程造价咨询费	元	—
		十、引进技术和设备其他费	元	—
		十一、综合联调及试运行费	元	—
		（一）综合联调费	元	—
		（二）试运行费	元	—
		十二、专利及专有技术使用费	元	—
		十三、生产准备及开办费	元	—
		（一）生产职工培训费	元	—
		（二）生产办公和生活家具用具购置费	元	—
		（三）工器具购置费	元	—
		十四、工程保险费	元	—

续表

章号	节号	工程及费用名称	单位	说　明
		十五、特殊设备安全监督检验费	元	—
		十六、安全生产保障费	元	—
		十七、配合辅助工程费	元	—
		十八、其他	元	—
以上各章合计			元	—
第三部分　预备费			正线公里	—
十八	37	预备费	正线公里	—
		一、基本预备费	元	—
		二、价差预备费	元	—
第四部分　专项费用			正线公里	—
十九	38	专项费用	正线公里	—
		一、车辆购置费	元	—
		二、建设期贷款利息	元	—
		三、铺底流动资金	元	—
概算总额			正线公里	—

注：1. 编制概算时，在不变动章、节的前提下，可根据具体工程内容，对各节细目内容做增减调整。章节号及名称应保持固定不变，没有费用的细目可不显示。
2. 细目中的“单位”可采用比表列“单位”更为具体的计量单位。

附录三　概算基本表格（式样）

附表 3-1　总概算表
附表 3-2　综合概算表
附表 3-3　册综合概算表
附表 3-4　概算与估算对照表
附表 3-5　建筑工程单项概算表
附表 3-6　设备与安装工程单项概算表
附表 3-7　补充单价分析表
附表 3-8　人工及主要材料单价和数量汇总表
附表 3-9　项目信息及主要工程数量表

附表 3-1　总概算表

第　　页 共　　页

建设名称		编制范围		编号				
工程总量	正线公里	概算总额	万元	技术经济指标			万元/正线公里	
章别	工程及费用名称	概算价值（万元）					技术经济指标（万元/正线公里）	费用比重（%）
		Ⅰ 建筑工程费	Ⅱ 安装工程费	Ⅲ 设备购置费	Ⅳ 工程建设其他费用	合计	其中外汇（万美元）		
第一部分　工程费用									
一	车站								
二	区间								
三	轨道								
四	通信								
五	信号								
六	供电								
七	综合监控								
八	火灾自动报警、环境与设备监控								
九	安防与门禁								
十	通风、空调与供暖								
十一	给水与排水、消防								
十二	自动售检票								
十三	站内客运设备、站台门								
十四	运营控制中心								
十五	车辆基地								
十六	人防工程								
第二部分　工程建设其他费用									
十七	工程建设其他费用								
	以上各章总计								
第三部分　预备费									
十八	预备费								
第四部分　专项费用									
十九	专项费用								
	概算总额								

编制　　年　月　日　　复核　　年　月　日　　审核　　年　月　日　　审定　　年　月　日

附表 3-2　综合概算表

第　　页共　　页

建设名称		编制范围		编号							
工程总量	正线公里	概算总额	万元	技术经济指标	万元/正线公里						
章别	节号	工程及费用名称	单位	数量	概算价值（万元）						指标（万元）
					Ⅰ 建筑工程费	Ⅱ 安装工程费	Ⅲ 设备购置费	Ⅳ 工程建设其他费用	合计	其中外汇（万美元）	

编制　　年　月　日　　　复核　　年　月　日　　　审核　　年　月　日　　　审定　　年　月　日

附表 3-3　册综合概算表

第　　页共　　页

册概算名称		编号									
工程总量	正线公里	概算总额	万元	技术经济指标	万元/正线公里						
章别	节号	工程及费用名称	单位	数量	概算价值（万元）						指标（万元）
					Ⅰ 建筑工程费	Ⅱ 安装工程费	Ⅲ 设备购置费	Ⅳ 工程建设其他费用	合计	其中外汇（万美元）	

编制　　年　月　日　　　复核　　年　月　日　　　审核　　年　月　日　　　审定　　年　月　日

附表 3-4　概算与估算对照表

第　　页 共　　页

建设名称			编制范围			编号	
工程总量	可研报告	正线公里	估算总额	万元	技术经济指标	估算	万元/正线公里
	初步设计	正线公里	概算总额	万元		概算	万元/正线公里

章别	工程及费用名称	估、概算总额（万元）			技术经济指标（万元/正线公里）		
		估算	概算	增减	估算	概算	增减

编制　　年　月　日　　复核　　年　月　日　　审核　　年　月　日　　审定　　年　月　日

附表 3-5　建筑工程单项概算表

第　　页 共　　页

工程名称		工程总量		编号	
所属章节	章　　节	概算价值	元	概算指标	

序号	定额编号	工程项目或费用名称	单位	数量	单价（元）	合价（元）	其中（元）			定额未计价材料（元）	
							人工费	材料费	施工机具使用费	单价	合价

编制　　年　月　日　　复核　　年　月　日　　审核　　年　月　日　　审定　　年　月　日

附表 3-6 设备与安装工程单项概算表

第　　页共　　页

工程名称		工程总量		编号	
所属章节	章　　节	概算价值	元	概算指标	

序号	定额编号	工程项目或费用名称	单位	数量	单价（元）	合价（元）	其中（元）			定额未计价材料（元）	
							人工费	材料费	施工机具使用费	单价	合价

编制　　年　月　日　　复核　　年　月　日　　审核　　年　月　日　　审定　　年　月　日

附表 3-7 补充单价分析表

工程名称：　　　　　　　　计量单位：　　　　　　　　电算编号：

序号	名　称	电算编号	单位	数量	单价（元）	合价（元）	重量（t）	
							单重	合重
一	人工							
二	材料							
三	机械							

编制　　年　月　日　　复核　　年　月　日　　审核　　年　月　日　　审定　　年　月　日

附表 3-8　人工及主要材料单价和数量汇总表

工程名称：

序号	人工及主要材料	单位	单价（元）	数量	备注
一	人工	工日			
二	材料				

编制　　年　月　日　　复核　　年　月　日　　审核　　年　月　日　　审定　　年　月　日

附表 3-9　项目信息及主要工程数量表

工程名称：

<table>
<tr><th>序号</th><th colspan="3">工程项目或费用名称</th><th>单位</th><th>数量</th><th>比例（%）</th><th>说明</th></tr>
<tr><td>一</td><td colspan="3">概算总额</td><td></td><td></td><td></td><td></td></tr>
<tr><td rowspan="3">二</td><td rowspan="3">技术经济指标</td><td colspan="2">全线</td><td rowspan="3">万元/正线公里</td><td></td><td></td><td></td></tr>
<tr><td colspan="2">工程费用</td><td></td><td></td><td></td></tr>
<tr><td colspan="2">工程建设其他费用</td><td></td><td></td><td></td></tr>
<tr><td>三</td><td colspan="3">概算编制期</td><td>年/月（或第几期）</td><td></td><td></td><td></td></tr>
<tr><td>四</td><td colspan="3">设计最高速度</td><td>km/h</td><td></td><td></td><td></td></tr>
<tr><td>五</td><td colspan="3">建设工期</td><td>年/月</td><td></td><td></td><td></td></tr>
<tr><td>六</td><td colspan="3">资本金比列</td><td>%</td><td></td><td></td><td></td></tr>
<tr><td>七</td><td colspan="3">列车编组及车辆制式</td><td>初-近-远</td><td></td><td></td><td></td></tr>
<tr><td>八</td><td colspan="3">初期配置车辆</td><td>列/辆</td><td></td><td></td><td></td></tr>
<tr><td>九</td><td colspan="3">车辆单价</td><td>万元/辆</td><td></td><td></td><td></td></tr>
<tr><td rowspan="8">十</td><td rowspan="8">车站</td><td colspan="2">全线</td><td>座/m²/m²</td><td></td><td></td><td rowspan="6">座/总面积/平均面积</td></tr>
<tr><td rowspan="3">地下站</td><td>明挖</td><td>座/m²/m²</td><td></td><td></td></tr>
<tr><td>盖挖</td><td>座/m²/m²</td><td></td><td></td></tr>
<tr><td>暗挖</td><td>座/m²/m²</td><td></td><td></td></tr>
<tr><td colspan="2">高架站</td><td>座/m²/m²</td><td></td><td></td></tr>
<tr><td colspan="2">地面站</td><td>座/m²/m²</td><td></td><td></td></tr>
<tr><td colspan="2">平均站间距</td><td>km</td><td></td><td></td><td></td></tr>
<tr><td colspan="2">换乘站</td><td>座</td><td></td><td></td><td></td></tr>
</table>

续表

序号	工程项目或费用名称			单位	数量	比例（%）	说明
十一	区间	全长		双延米			
		地下	全长	双延米			占区间全长比例
			盾构区间	双延米			占地下区间全长比例
			明挖区间	双延米			
			暗挖区间	双延米			
		高架		双延米			占区间全长比例
		地面		双延米			
十二	轨道	铺轨	一般段	铺轨公里			
			中等减振段	铺轨公里			
			高等减振段	铺轨公里			
			特殊减振段	铺轨公里			
		铺道岔	单开	组			
			特种	组			
		铺轨基地		处			
十三	供电	主变电站		座			共享情况描述
		牵引降压混合变电所		座			
		降压变电所		座			
		跟随变电所		座			
十四	控制中心面积			m^2			共享情况描述
十五	车辆段/房屋面积			处/m^2			功能描述
十六	停车场/房屋面积			处/m^2			功能描述
十七	自动扶梯			部			
十八	电梯			部			
十九	征地			亩			
二十	拆迁			m^2			
二十一	线路特点与风险点简要描述						

编制　　年　月　日　　复核　　年　月　日　　审核　　年　月　日　　审定　　年　月　日

附录四　城市轨道交通工程费用参考费率

措施费参考费率表（一）

<table>
<tr><td rowspan="2">序号</td><td rowspan="2">项 目 名 称</td><td colspan="5">以直接工程费为计算基础（%）</td></tr>
<tr><td>地上工程</td><td>地下明挖工程</td><td>地下暗挖工程</td><td>盾构工程</td><td>轨道工程</td></tr>
<tr><td rowspan="5">1</td><td>安全文明施工费</td><td>2.94～4.30</td><td>2.62～4.25</td><td>2.64～3.90</td><td>1.75～3.90</td><td>1.65～3.90</td></tr>
<tr><td>（1）环境保护费</td><td rowspan="3">1.53～2.10</td><td rowspan="3">1.40～2.25</td><td rowspan="3">1.54～2.00</td><td rowspan="3">1.29～2.00</td><td rowspan="3">1.05～2.00</td></tr>
<tr><td>（2）文明施工费</td></tr>
<tr><td>（3）安全施工费</td></tr>
<tr><td>（4）临时设施费</td><td>1.10～2.20</td><td>1.10～2.00</td><td>1.10～1.90</td><td>0.80～1.90</td><td>0.40～1.90</td></tr>
<tr><td>2</td><td>夜间施工增加费</td><td>0.10～0.23</td><td>0.10～0.20</td><td>0.15～0.28</td><td>0.10～0.20</td><td>0.10～0.20</td></tr>
<tr><td>3</td><td>二次搬运费</td><td>0.10～0.20</td><td>0.10～0.25</td><td>0.18～0.30</td><td>0.10～0.33</td><td>0.10～0.20</td></tr>
<tr><td>4</td><td>雨季施工增加费</td><td>0.10～0.30</td><td>0.07～0.25</td><td>0.05～0.25</td><td>0.10～0.25</td><td>0.07～0.25</td></tr>
<tr><td>5</td><td>已完工程及设备保护费</td><td>0.08～0.20</td><td>0.02～0.10</td><td>0.02～0.10</td><td>0.02～0.10</td><td>0.02～0.21</td></tr>
<tr><td>6</td><td>合计（综合费率）</td><td>3.75～4.89</td><td>3.41～4.79</td><td>3.51～4.49</td><td>2.48～4.36</td><td>2.09～4.49</td></tr>
</table>

措施费参考费率表（二）

<table>
<tr><td rowspan="2">序号</td><td rowspan="2">项 目 名 称</td><td colspan="4">以人工费为计算基础（%）</td></tr>
<tr><td>通信、信号工程</td><td>供电工程</td><td>智能与控制系统工程</td><td>机电工程</td></tr>
<tr><td rowspan="5">1</td><td>安全文明施工费</td><td>10.39～22.59</td><td>11.40～22.59</td><td>12.50～23.00</td><td>12.50～23.00</td></tr>
<tr><td>（1）环境保护费</td><td rowspan="3">6.55～10.59</td><td rowspan="3">7.32～10.10</td><td rowspan="3">7.65～10.80</td><td rowspan="3">7.65～10.80</td></tr>
<tr><td>（2）文明施工费</td></tr>
<tr><td>（3）安全施工费</td></tr>
<tr><td>（4）临时设施费</td><td>3.84～12.98</td><td>4.08～12.98</td><td>4.85～12.98</td><td>4.85～12.98</td></tr>
<tr><td>2</td><td>夜间施工费</td><td>0.90～1.61</td><td>0.82～1.37</td><td>0.90～1.37</td><td>0.90～1.37</td></tr>
<tr><td>3</td><td>二次搬运费</td><td>0.16～2.65</td><td>0.46～2.65</td><td>0.40～2.65</td><td>0.40～2.65</td></tr>
<tr><td>4</td><td>雨季施工增加费</td><td>0.50～0.70</td><td>0.50～0.80</td><td>0.50～0.70</td><td>0.50～0.65</td></tr>
<tr><td>5</td><td>已完工程及设备保护费</td><td>0.10～1.20</td><td>0.10～1.50</td><td>0.10～1.80</td><td>0.10～1.80</td></tr>
<tr><td>6</td><td>合计（综合费率）</td><td>13.00～27.30</td><td>14.13～27.70</td><td>14.94～28.70</td><td>14.99～28.70</td></tr>
</table>

企业管理费参考费率表（三）

序号	项 目 名 称	以直接费为计算基础（%）	以人工费为计算基础（%）
1	地上工程	6.69～8.25	—
2	地下明挖工程	6.75～7.55	—
3	地下暗挖工程	6.80～7.90	—
4	盾构工程	5.38～7.64	—
5	轨道工程	4.50～6.97	—
6	通信、信号工程	—	30.00～42.70
7	供电工程	—	31.00～44.00
8	智能与控制系统工程	—	31.00～46.40
9	机电工程	—	31.00～46.40

注：费率未含城市维护建设税、教育费附加和地方教育附加三项费率。

规费参考费率表（四）

序号	项 目 名 称	以人工费为计算基础（%）
1	土建与轨道工程	18.31～39.42
2	安装工程	10.53～39.42

主要参编人员

白洁如　王志年　李永洁　王立勇　吴红军　张振兴　薛冬华
齐晓芝　潘艳霞　时继文　刘晓慧　程天甫　宋　宪　朱　晨
张尚尚　赵　倩　程　兵　刘大同　赵　彬　董　宇

主编单位

住房和城乡建设部标准定额研究所
中铁第五勘察设计院集团有限公司

参编单位

中交铁道设计研究总院有限公司
北京市市政工程设计研究总院有限公司
中铁第四勘察设计院集团有限公司
中铁工程咨询集团有限公司
北京市工程咨询公司
北京市轨道交通建设管理有限公司
北京城市快轨建设管理有限公司
郑州市轨道交通有限公司